प्रकाशकीय

एक उत्कृष्ट प्रकाशक के तौर पर देश भर में प्रसिद्धि प्राप्त करने के पश्चात् **'वी एण्ड एस पब्लिशर्स'** ने विशेष रूप से ओलम्पियाड एवं अकादमिक परीक्षाओं में शामिल होने जा रहे छात्रों के लिए 'ओलम्पियाड श्रृंखला' की पुस्तकें प्रकाशित करने का निश्चय किया।

वर्ष 2015 में हमने पहली बार विज्ञान, गणित, अंग्रेजी तथा कम्प्यूटर सम्बन्धित ओलम्पियाड पुस्तकों का सफलतापूर्वक प्रकाशन किया। इन पुस्तकों को देशभर के छात्रों से भरपूर सराहना मिली तथा उनके शिक्षकों और अभिभावकों से भी प्रशंसा भरे अनेक संदेश प्राप्त हुए। इस सफलता से उत्साहित होकर हमने निश्चय किया कि हमें इस प्रकार की अकादमिक पुस्तकों का प्रकाशन निरंतर जारी रखना चाहिए। इसी सिलसिले को जारी रखते हुए हमने शीर्ष प्रतियोगिता परीक्षाओं में छात्रों की सफलता हेतु इस बार **'वस्तुनिष्ठ सामान्य ज्ञान भारतीय राजनीति और अर्थव्यवस्था'** पुस्तक प्रकाशित किया है।

इस पुस्तक में हमने उच्च शिक्षा तथा सरकारी सेवाओं में जाने वाले उत्साही छात्रों के लिए उन सभी संभावित प्रश्नों को सम्मिलित किया, जो इन परीक्षाओं में अकसर पूछे जाते हैं।

इस पुस्तक में इतिहास (भारत एवं विश्व), भूगोल (भारत एवं विश्व), भारतीय राजव्यवस्था एवं भारतीय अर्थव्यवस्था, सामान्य ज्ञान, कम्प्यूटर, सूचना एवं तकनीक तथा विविध आदि विषयों से 1000 चुने गये प्रश्नों का संकलन किया गया है।

सिविल सर्विस (केन्द्र एवं राज्य), स्टॉफ सलेक्शन कमीशन (SSC), इन्स्टीच्यूट ऑफ बैंकिंग पर्सनल सेलेक्शन (IBPS), डिफेंस सर्विसेज (CDSE, NDA), मैनेजमेंट एप्टीच्यूट टेस्ट (MAT), कॉमन एडमिशन टेस्ट (CAT), रेलवे रिक्रूटमेंट सर्विसेज तथा अन्य उच्च स्तरीय परीक्षाओं के लिए विशेष रूप से उपयोगी है।

यूँ तो बाजार में सामान्य ज्ञान की कई पुस्तकें उपलब्ध हैं। इन पुस्तकों के साथ एक मुख्य समस्या यह है कि कुछ अंतराल के पश्चात् इन पुस्तकों के पाठ्यक्रम में बदलाव करना आवश्यक हो जाता है। इस समस्या के निदान के लिए हमने प्रस्तुत पुस्तक में विषयों का संकलन कुछ इस प्रकार किया है, जिससे छात्रों को इसके पाठ्यक्रय में शीघ्र बदलाव की आवश्यकता महसूस नहीं हो। इस योजना के तहत पुस्तक में समसामियकी (करेंट अफेयर्स) का चयन नहीं किया गया है। हमें आशा है कि छात्र एवं शिक्षक इस पुस्तक की व्यापक उपयोगिता को देखते हुए इसे सहर्ष अपनायेंगे। छात्रों से अनुरोध है कि प्रश्नों को हल करने के पश्चात् यदि उन्हें पुस्तक में कोई त्रुटि दिखायी दे तो इसकी सूचना हमारे ईमेल पर अवश्य दें, जिससे भविष्य में पुस्तक को और अधिक उपयोगी बनाया जा सके।

वस्तुनिष्ठ
सामान्य ज्ञान
भारतीय राजनीति
और अर्थव्यवस्था

सिविल सर्विस (केन्द्र एवं राज्य), स्टॉफ सलेक्शन कमीशन (SSC), इन्स्टीच्यूट ऑफ बैंकिंग पर्सनल सेलेक्शन (IBPS), मैनेजमेंट एप्टीच्यूट टेस्ट (MAT), कॉमन एडमिशन टेस्ट (CAT), रेलवे रिक्रूटमेंट सर्विसेज एवं सभी प्रतियोगी परीक्षाओं के लिए उपयोगी।

लेखक
प्रसून कुमार

वी एण्ड एस पब्लिशर्स

प्रकाशक

वी एण्ड एस पब्लिशर्स

F-2/16, अंसारी रोड, दरियागंज, नई दिल्ली-110002
☎ 23240026, 23240027 • फैक्स: 011-23240028
E-mail: info@vspublishers.com • *Website:* www.vspublishers.com

क्षेत्रीय कार्यालय : हैदराबाद
5-1-707/1, ब्रिज भवन (सेन्ट्रल बैंक ऑफ इण्डिया लेन के पास)
बैंक स्ट्रीट, कोटी, हैदराबाद-500 095
☎ 040-24737290
E-mail: vspublishershyd@gmail.com

शाखा : मुम्बई
जयवंत इंडस्ट्रिअल इस्टेट, 1st फ्लोर-108, तारदेव रोड
अपोजिट सोबो सेन्ट्रल, मुम्बई - 400 034
☎ 022-23510736
E-mail: vspublishersmum@gmail.com

फ़ॉलो करें:

ISBN 978-93-579416-7-9

संस्करण 2018

मुद्रक: रेप्रो नॉलेजकास्ट लिमिटेड, ठाणे

भारतीय राजव्यवस्था

1. रेगुलेटिंग ऐक्ट पारित किया गया–
(a) 1773 ई० (b) 1771 ई०
(c) 1785 ई० (d) 1793 ई०

2. मार्ले-मिंटो सुधार बिल किस वर्ष में पारित किया गया?
(a) 1905 में (b) 1909 में
(c) 1911 में (d) 1920 में

3. मुसलमानों के लिए अतिरिक्त निर्वाचक मण्डल प्रारम्भ में किसके द्वारा लाया गया था?
(a) क्रिप्स मिशन 1942
(b) मार्ले-मिंटो सुधार 1909
(c) मान्टेग्यू-चेम्सफोर्ड सुधार 1919
(d) भारत सरकार अधिनियम 1935

4. कैबिनेट मिशन का सदस्य नहीं था–
(a) लॉर्ड पैथिक लारेन्स
(b) ए०वी० अलेक्जेण्डर
(c) सर स्टैफर्ड क्रिप्स
(d) लॉर्ड एमरी

5. 1909 के इण्डियन कौंसिल ऐक्ट में किस बात की व्यवस्था की गयी थी?
(a) द्वैध शासन प्रणाली
(b) साम्प्रदायिक प्रतिनिधित्व
(c) संघीय व्यवस्था
(d) प्रान्तीय व्यवस्था

6. भारत की आजादी के समय इंग्लैण्ड में किस पार्टी की सरकार थी?
(a) लेबर पार्टी
(b) कन्जरवेटिव पार्टी
(c) कांग्रेस
(d) लिबरल पार्टी

7. भारतीयों को वर्ष 1947 में सार्वभॉम सत्ता सौंपने की योजना निम्न में स किस नाम से जानी गयी?
(a) डूरण्ड योजना
(b) मिंटो-मार्ले योजना
(c) माउण्टबेटन योजना
(d) वेवेल योजना

8. भारतीयों का वर्ष 1947 में सार्वभौम सत्ता सौंपने की योजना निम्न में से किस योजना के नाम से जानी गयी?
(a) डूरण्ड योजना
(b) मिन्टो-मार्ले योजना
(c) माउण्टबेटन योजना
(d) वेवेल योजना

9. संविधान सभा को किसने मूर्त रूप प्रदान किया?
(a) महात्मा गांधी
(b) मोतीलाल नेहरू
(c) एम०एन० राय
(d) जवाहर लाल नेहरू

10. संविधान सभा के गठन की माँग सर्वप्रथम 1895 में किसके द्वारा प्रस्तुत की गयी?
(a) महात्मा गांधी
(b) जवाहरलाल नेहरू
(c) भीमराव अम्बेडकर
(d) लोकमान्य तिलक

11. 1938 में किस व्यक्ति ने वयस्क मताधिकार के आधार पर संविधान सभा के गठन की माँग की?
(a) महात्मा गांधी
(b) जवाहरलाल नेहरू
(c) सुभाष चन्द्र बोस
(d) वल्लभ भाई पटेल

12. किस योजना के तहत यह स्वीकार किया गया कि भारत में एक निर्वाचित संविधान सभा का गठन होगा, जो युद्धोपरान्त संविधान का निर्माण करेगी?
(a) क्रिप्स योजना
(b) वेवेल योजना
(c) कैबिनेट मिशन योजना
(d) माउण्टबेटन योजना

13. भारतीय संविधान सभा गठित करने का आधार क्या था?
(a) भारतीय राष्ट्रीय कांग्रेस का प्रस्ताव
(b) कैबिनेट मिशन प्लान 1946
(c) भारतीय स्वतंत्रता अधिनियम 1947
(d) भारतीय डोमिनियन प्रस्ताव

14. भारत की संविधान सभा किसके अनुसार गठित की गयी?
(a) साइमन आयोग का प्रस्ताव
(b) क्रिप्स प्रस्ताव
(c) माउण्टबेटन योजना
(d) कैबिनेट मिशन योजना

15. सन् 1936 में भारतीय राष्ट्रीय कांग्रेस द्वारा संविधान सभा के गठन की माँग कहाँ पर हुए अधिवेशन में रखी गयी?
(a) कानपुर (b) मुम्बई
(c) फैजपुर (d) लाहौर

16. कैबिनेट मिशन योजना के अनुसार सभा में कुल कितने सदस्य निर्धारित थे?
(a) 389 (b) 409
(c) 429 (d) 505

17. प्रस्तावित मूल संविधान में कुल सदस्यों का विभाजन किस प्रकार होना निश्चित हुआ था?
(a) ब्रिटिश प्रान्तों के 292 प्रतिनिधि
(b) देशी रियासतों के 93 प्रतिनिधि
(c) मुख्य कमिश्नरी क्षेत्रों के 4 प्रतिनिधि
(d) उपर्युक्त सभी

18. संविधान सभा में विभिन्न प्रान्तों के लिए 292 सदस्यों का निर्वाचन होना था। इनमें से कांग्रेस के कितने प्रतिनिधि निर्वाचित होकर आये?
(a) 195 (b) 208
(c) 225 (d) 235

19. पुनर्गठन के फलस्वरूप वर्ष 1947 में संविधान सभा के सदस्यों की संख्या कितनी रह गयी?
(a) 289 (b) 299
(c) 324 (d) 333

20. पुनगर्ठन के पश्चात् संविधान सभा में देशी रियासतों के लिए कितने प्रतिनिधि थे?
(a) 100 (b) 70
(c) 85 (d) 65

21. पुनर्गठन के पश्चात् संविधान सभा में विभिन्न प्रान्तों के लिए कितने प्रतिनिधि थे?
(a) 208 (b) 229
(c) 249 (d) 65

22. कैबिनेट मिशन योजना के अन्तर्गत संविधान निर्मात्री परिषद् में प्रत्येक प्रान्त की आवंटित सदस्य संख्या निर्धारित करने के लिए एक प्रतिनिधि कितनी जनसंख्या के अनुपात में था?
(a) 8 लाख व्यक्ति
(b) 10 लाख व्यक्ति
(c) 12 लाख व्यक्ति
(d) 15 लाख व्यक्ति

23. संविधान सभा के सदस्यों को निम्न में से किसने प्रत्यक्ष रूप से निर्वाचित किया?
(a) प्रान्तों की विधानसभा
(b) संघीय व्यवस्थापिका
(c) उपर्युक्त दोनों
(d) इनमें से कोई नहीं

24. संविधान सभा में किस प्रान्त का प्रतिनिधि सबसे अधिक था?
(a) बंगाल (b) मद्रास
(c) बम्बई (d) संयुक्त प्रान्त

25. संविधान सभा में किस देशी रियासत के प्रतिनिधि ने भाग नहीं लिया था?
(a) जूनागढ़ (b) कश्मीर
(c) हैदराबाद (d) मैसूर

26. बी०आर० अम्बेडकर का संविधान सभा में निर्वाचन हुआ था–
(a) पश्चिम बंगाल से
(b) बम्बई प्रेसीडेन्ट से
(c) तत्कालीन मध्य भारत से
(d) पंजाब से

27. मुस्लिम लीग ने किस कारण संविधान सभा का बहिष्कार किया?
(a) मुस्लिम लीग संविधान सभा का अध्यक्ष किसी मुस्लिम को बनाना चाहता था
(b) मुस्लिम लीग को संविधान सभा में उचित प्रतिनिधित्व नहीं मिला था
(c) मुस्लिम लीग, मुस्लिमों के लिए एक अलग संविधान सभा चाहता था
(d) उपर्युक्त सभी

28. संविधान सभा का चुनाव निम्न में से किस आधार पर हुआ?
(a) समान मताधिकार
(b) सर्व मताधिकार
(c) सीमित मताधिर
(d) वर्गीय मताधिकार

29. संविधान सभा के सदस्य प्रतिनिधि थे–
(a) जनता द्वारा प्रत्यक्ष निर्वाचित
(b) जनता द्वारा अप्रत्यक्ष निर्वाचित
(c) गवर्नर जनरल द्वारा मनोनीत
(d) कांग्रेस और मुस्लिम लीग द्वारा नामांकित

30. भारतीय संविधान को किसने बनाया?
(a) संविधान सभा
(b) ब्रिटिश ससंद
(c) भारतीय संसद
(d) गर्वनर जनरल

31. संविधान सभा के लिए चुनाव कब सम्पन्न हुए?
(a) 1945 (b) 1946
(c) 1947 (d) 1948

32. भारतीय संविधान सभा की स्थापना कब हुई?
(a) 10 जून, 1946
(b) 9 दिसम्बर, 1946
(c) 26 नवम्बर, 1949
(d) 26 दिसम्बर, 1949

33. संविधान सभा का प्रथम अधिवेशन कहाँ हुआ था?
(a) बम्बई में (b) कलकत्ता में
(c) लाहौर में (d) दिल्ली में

34. संविधान सभा के उद्‌घाटन अधिवेशन की अध्यक्षता किसने की थी?
(a) जवाहरलाल नेहरू
(b) सच्चिदानंद सिन्हा
(c) बी०आर० अम्बेडकर
(d) सी० राजगोपालाचारी

35. संविधान सभा की प्रथम बैठक कब हुई थी?
(a) 2 दिसम्बर, 1946
(b) 9 दिसम्बर, 1960
(c) 4 जुलाई, 1947
(d) 15 अगस्त, 1947

36. संविधान सभा के अस्थायी सदस्य कौन थे?
(a) बी०आर० अम्बेडकर
(b) डॉ० राजेन्द्र प्रसाद
(c) सच्चिदानंद सिन्हा
(d) के०एम० मुंशी

37. 11 दिसम्बर, 1946 को किसे संविधान सभा का स्थायी अध्यक्ष चुना गया?
(a) जवाहरलाल नेहरू
(b) डॉ० राजेन्द्र प्रसाद
(c) बी०आर० अम्बेडकर
(d) के०एम० मुंशी

38. संविधान सभा के स्थायी अध्यक्ष कौन थे?
(a) बी०एन० राव
(b) बी०आर० अम्बेडकर
(c) डॉ० राजेन्द्र प्रसाद
(d) सच्चिदानंद सिन्हा

39. संविधान सभा का संवैधानिक सलाहकार किसे नियुक्त किया गया था?
(a) डॉ०बी०आर० अम्बेडकर
(b) के०टी० शाह
(c) बी०एन० राव
(d) ए०के० अय्यर

40. संविधान सभा के चुने हुए स्थायी अध्यक्ष कौन थे?
(a) डॉ०बी०आर० अम्बेडकर
(b) सच्चिदानंद सिन्हा
(c) डॉ० राजेन्द्र प्रसाद
(d) एस० राधाकृष्णन

41. निम्नलिखित में से कौन संविधान सभा का सदस्य नहीं था?
(a) के०एम० मुंशी
(b) एन० गोलालस्वामी आयंगार
(c) एच०एच० बेग
(d) टी०टी० कृष्णमाचारी

42. संविधान सभा ने कितनी समितियाँ नियुक्त की थी?
(a) 9 (b) 12
(c) 13 (d) 16

43. संविधान सभा के प्रारूप समिति की नियुक्ति कब की गयी?
(a) 29 अप्रैल 1947
(b) 11 जून 1947
(c) 29 अगस्त 1947
(d) 16 दिसम्बर 1947

44. संविधान सभा की प्रारूप समिति के अध्यक्ष थे–
(a) डॉ० राजेन्द्र प्रसाद
(b) जवाहरलाल नेहरू
(c) डॉ०बी०आर० अम्बेडकर
(d) पुरुषोत्तम दास टंडन

45. संविधान सभा के प्रारूप समिति में सदस्यों की संख्या कितनी थी?
(a) 5 (b) 7
(c) 9 (d) 11

46. निम्नलिखित में से कौन संविधान सभा द्वारा गठित प्रारूप समिति का सदस्य नहीं था–
(a) अल्लादी कृष्णास्वामी अय्यर
(b) डी०पी० खेतान
(c) सरदार पटेल
(d) के०एम० मुंशी

47. निम्नलिखित में से कौन प्रारूप समिति का सदस्य नहीं था?
(a) जवाहरलाल नेहरू
(b) मो० सदाउल्लाह
(c) के०एम० मुंशी
(d) गोपालस्वामी अयंगर

48. संविधान की प्रारूप समिति के समक्ष प्रस्तावना का प्रस्ताव किसने रखा?
(a) डॉ०बी०आर० अम्बेडकर
(b) बी०एन० राव
(c) महात्मा गांधी
(d) जवाहरलाल नेहरू

49. संविधान सभा में सभी निर्णय किस आधार पर लिये गये?
(a) एकता और अखण्डता
(b) बहुमत
(c) सर्वसम्मति
(d) सहमति और समायोजना

50. संविधान सभा में उद्देश्य प्रस्ताव किसने प्रस्तुत किया?
(a) सच्चिदानंद सिन्हा
(b) डॉ०बी०आर० अम्बेडकर
(c) जवाहरलाल नेहरू
(d) आचार्य जे०बी० कृपलानी

51. भारतीय संविधान सभा की संघीय शक्ति समिति के अध्यक्ष कौन थे?
(a) सरदार पटेल (b) अम्बेडकर
(c) ए०के० अय्यर (d) पं० नेहरू

52. भारतीय संविधान को अपनाया गया–
(a) संविधान सभा द्वारा
(b) गवर्नर जनरल द्वारा
(c) ब्रिटिश संसद द्वारा
(d) भारतीय संसद द्वारा

53. भारत को एक संविधान देने का प्रस्ताव संविधान सभा द्वारा पारित किया गया था–
(a) जनवरी 22, 1946
(b) जनवरी 22, 1947
(c) जनवरी 20, 1947
(d) जनवरी 26, 1946

54. संविधान सभा में झण्डा समिति के अध्यक्ष थे–
(a) जे०बी० कृपलानी
(b) के०एम० मुंशी
(c) अम्बेडकर
(d) नेहरू

55. राष्ट्रीय झण्डे की अभिकल्पना को भारत की संविधान सभा में ग्रहण किया गया था–
(a) जुलाई 1948 में
(b) जुलाई 1950 में
(c) जुलाई 1947 में
(d) 15 अगस्त 1947

56. संविधान सभा में संविधान को अंतिम रूप से किस दिन पारित किया?
(a) 15 अगस्त 1947
(b) 15 दिसम्बर 1948
(c) 26 नवंबर 1949
(d) 26 जनवरी 1950

57. संविधान सभा कितने उपस्थित सदस्यों ने संविधान पर हस्ताक्षर किया?
(a) 262 (b) 284
(c) 287 (d) 289

58. संविधान सभा द्वारा अंतिम रूप से पारित संविधान में कुल कितने अनुच्छेद और अनुसूचियाँ थीं?
(a) 378 अनुसूची 7 अनुसूचियाँ
(b) 387 अनुसूची 7 अनुसूचियाँ
(c) 395 अनुसूची 8 अनुसूचियाँ
(d) 395 अनुसूची 10 अनुसूचियाँ

59. सम्पूर्ण भारतीय संविधान के निर्माण में संविधान सभा को कितना समय लगा?
(a) 2 वर्ष 7 माह 23 दिन
(b) 2 वर्ष 11 माह 18 दिन
(c) 2 वर्ष 11 माह 14 दिन
(d) 2 वर्ष 11 माह 23 दिन

60. किस दिन से संविधान सभा का अन्तर्कालीन संसद के रूप मं आविर्भाव हुआ?
(a) 24 जनवरी 1950
(b) 25 जनवरी 1950

(c) 26 जनवरी 1950
(d) 18 फरवरी 1950

61. भारतीय संविधान के किस भाग को उसकी आत्मा की आख्या प्रदान की गयी है?
(a) प्रस्तावना
(b) मौलिक अधिकार
(c) राज्य के नीति-निर्देशक तत्त्व
(d) संविधान के सभी अनुच्छेद

62. संविधान निर्माताओं ने किस पर विशेष ध्यान दिया था?
(a) प्रस्तावना पर
(b) लोक गणराज्य
(c) मौलिक अधिकार
(d) नीति निर्देशक तत्त्व

63. भारत में जनप्रिय सम्प्रभुता है, क्योंकि भारत के संविधान के प्रस्तावना शुरू होती है, इन शब्दों से–
(a) लोकतंत्रवादी भारत
(b) लोक गणराज्य
(c) लोक प्रभुसत्ता
(d) हम, भारत के लोग

64. भारत को गणतन्त्र क्यों कहा जाता है?
(a) इसकी विधानमण्डलों की अधिकतम संख्या जनता द्वारा प्रत्यक्ष चुनी जाती है
(b) यह राज्यों का एक संघ है
(c) भारतीय नागरिक मूलभूत अधिकारों का उपयोग करती है
(d) यहाँ राज्य का प्रमुख निर्धारित अवधि के लिए निर्वाचित होता है

65. धर्मनिरपेक्ष का अर्थ है–
(a) जिस देश का अपना कोई धर्म न हो
(b) सरकार द्वारा धर्म का सरंक्षण
(c) सभी धर्मों का महत्त्व स्वीकार करना
(d) राष्ट्रधर्म का विशेष सांविधानिक महत्त्व

66. गणतन्त्र होता है–
(a) केवल एक लोकतांत्रिक राज्य
(b) अध्यक्षीय पद्धति शासित राज्य
(c) संसदीय पद्धति शासित राज्य
(d) राज्य जहाँ पर अध्यक्ष वंशानुगत रूप से न हो

67. वे दो शब्द जिनका समावेशन 42वें संशोधन द्वारा संविधान की उद्देशिका में किया गया था?
(a) धर्मनिरपेक्ष, लोकतांत्रिक
(b) प्रभुत्वसम्पन्न, लोकतांत्रिक
(c) समाजवादी, धर्मनिरपेक्ष
(d) धर्मनिरपेक्ष, गणतंत्र

68. भारतीय संविधान की प्रस्तावना में भारत को किस रूप में घोषित किया गया है?
(a) एक सार्वभौम, प्रजातांत्रिक गणतंत्र
(b) एक समाजवादी, प्रजातांत्रिक गणतंत्र
(c) एक प्रभुत्वसम्पन्न, समाजवादी, धर्मनिरपेक्ष, प्रजातांत्रिक गणराज्य
(d) इनमें से कोई नहीं

69. भारत एक गणतंत्र है, इसका अर्थ है–
(a) सभी मामलों में अंतिम अधिकार जनता के पास है
(b) भारत में संसदीय शासन व्यवस्था है
(c) भारत में वंशानुगत शासन नहीं है
(d) भारत राज्यों का एक संघ है

70. निम्नलिखित में से कौन-सा शब्द भारत के संविधान की उद्देशिका में नहीं है?
(a) समाजवादी (b) पंथनिरपेक्ष
(c) प्रभुत्वसम्पन्न (d) लोक कल्याण

71. भारत को मुख्य रूप से एक गणराज्य माना जाता है, क्योंकि–
(a) राज्याध्यक्ष का चुनाव होता है
(b) इसे 15 अगस्त 1947 की स्वतंत्रता मिली थी
(c) उसका अपना लिखित संविधान है
(d) उसकी सरकार संसदीय प्रणाली के अनुसार है

72. संविधान की प्रस्तावना में प्रयुक्त शब्द 'सेक्युलर' का अर्थ है–
(a) सभी नागरिकों को धर्म एवं उपासना की स्वतंत्रता
(b) एकेश्वरवाद
(c) बहुदेववाद
(d) सभी धर्मों की अस्वीकृति

73. 'समाजवाद' का अर्थ है–
(a) सामाजिक नियंत्रण
(b) राष्ट्रीयकरण
(c) सामाजिक न्याय
(d) सामाजिक स्पर्द्धा

74. सामाजिक समता का अर्थ है–
(a) दमन का अभाव
(b) अवसरों का अभाव
(c) भेदभाव का अभाव
(d) विषमता का अभाव

75. भारतीय संवधिान की आत्मा किसे कहा जाता है?
(a) प्रस्तावना
(b) मूलाधिकार
(c) नीति-निर्देशक तत्त्व
(d) उपर्युक्त सभी

76. भारत में लौकिक सार्वभौमिकता है, क्योंकि संविधान की प्रस्तावना प्रारम्भ होती है–
(a) हम भारत के लोग शब्दों से
(b) जनता के जनतंत्र शब्दों से
(c) जनता के लोकतंत्र शब्दों से
(d) प्रजातंत्रीय भारत शब्दों से

77. भारतीय संविधान की प्रस्तावना पर किस क्रांति का प्रभाव नहीं झलकता है?
(a) फ्रांसीसी क्रांति (1789)
(b) अमेरिकी क्रांति (1776)
(c) बोल्शेविक क्रांति (1917)
(d) चीन की क्रांति (1912)

78. भारतीय संविधान की प्रस्तावना में वर्णित लोकतंत्र को किस रूप में स्वीकारा गया है?
(a) राजनीतिक राजतंत्र
(b) आर्थिक लोकतंत्र
(c) सामाजिक राजतंत्र
(d) उपयुक्त सभी

79. भारतीय संविधान ने किस प्रकार के लोकतंत्र को अपनाया है?
(a) संवैधानिक राजतंत्र
(b) वंशानुगत लोकतंत्र
(c) लोकतांत्रिक राजतंत्र
(d) लोकायुक्त गणतंत्र

80. भारतीय संविधान की प्रस्तावना के अनुसार भारत के शासन की सर्वोच्च सत्ता किसमें निहित है?
(a) जनता (b) मतदाता
(c) राष्ट्रपति (d) संसद

81. भारत की सम्प्रभुता, एकता तथा अखण्डता को अक्षुण्ण बनाये रखने तथा उसकी रक्षा करने का प्रावधान किया गया है?
(a) प्रस्तावना में
(b) मूल अधिकार में
(c) नीति-निर्देशक सिद्धान्त में
(d) मूल कर्त्तव्य में

82. संविधान सभा में प्रस्तुत उद्देश्य प्रस्ताव में अभिव्यक्ति विचार को भारतीय संविधान के किस भाग में पूर्णतः शामिल किया गया है?
(a) प्रस्तावना
(b) मौलिक अधिकार
(c) राज्य के नीति-निर्देशक तत्त्व
(d) मूल कर्त्तव्य

83. भारतीय संविधान की प्रस्तावना में देश का कौन-सा नाम उल्लिखित है?
(a) भारत और भारतवर्ष
(b) भारत और हिन्दुस्तान
(c) भारत और इण्डिया
(d) हिन्दुस्तान और भारतवर्ष

84. भारतीय संविधान की प्रस्तावना से क्या स्पष्ट नहीं होता है?
(a) संविधान का स्रोत
(b) शासन के ध्येयों का विवरण
(c) संविधान को लागू करने की तिथि
(d) संविधान को अंगीकृत, अधिनियमित और आत्मर्पित करने की तिथि

85. भारतीय संविधान किसके द्वारा स्वीकृत है?
(a) संविधान सभा द्वारा
(b) भारत की संसद द्वारा
(c) प्रथम निर्वाचित सरकार द्वारा
(d) भारत की जनता द्वारा

86. भारत की सम्प्रभुता किसमें निहित है?
(a) भारतीय संसद
(b) राष्ट्रपति
(c) प्रधानमंत्री
(d) भारत की जनता

87. भारतीय संविधान को संविधान सभा द्वारा अंगीकृत किया गया–
(a) 26 नवम्बर, 1949 को
(b) 15 अगस्त, 1945 को
(c) 2 अक्टूबर, 1945 को
(d) 15 नवम्बर, 1945 को

88. भारत का संविधान पूर्ण रूप से तैयार हुआ–
(a) 26 जनवरी, 1950
(b) 26 नवंबर, 1949
(c) 11 फरवरी, 1948
(d) इनमें से कोई नहीं

89. किस वर्ष भारत एक प्रभुत्वसम्पन्न प्रजातांत्रिक गणराज्य बना?
(a) 1947 में (b) 1951 में
(c) 1935 में (d) 1950 में

90. अब तक भारत के संविधान की उद्देश्यिका में कितनी बार संशोधन किया जा चुका है?
(a) एक बार (b) दो बार
(c) तीन बार (d) कभी नहीं

91. भारत के संविधान की प्रस्तावना में प्रथम बार कब संशोधन किया गया?
(a) 1951 (b) 1971
(c) 1976 (d) 1984

92. विश्व का सबसे बड़ा, लिखित एवं सर्वाधिक व्यापक संविधान किस देश का है?
(a) ब्रिटेन (b) भारत
(c) कनाडा (d) दक्षिण अफ्रीका

93. भारतीय संविधान है–
(a) बहुत कठोर
(b) कठोर
(c) लचीला
(d) अंशतः कठोर, अशंतः लचीला

94. भारत का संविधान किस प्रकार का है?
(a) नम्य
(b) अनम्य
(c) नम्य और अनम्य
(d) इनमें से कोई नहीं

95. भारत के संविधान में भारत को माना गया है–
(a) एक अर्द्धसंघ
(b) स्वतंत्र राज्यों का एक संघ
(c) राज्यों का एक यूनियन
(d) इनमें से कोई नहीं

96. भारतीय संविधान में कितनी सूचियाँ हैं?
(a) 1 (b) 2
(c) 3 (d) 4

97. भारत में वैध प्रभुसत्ता निहित है–
(a) राष्ट्रपति में (b) न्यायपालिका में
(c) मंत्रिमंडल में (d) संविधान में

98. भारतीय संविधान की संरचना किस प्रकार की है?
(a) संघीय
(b) एकात्मक
(c) कठोर
(d) कुछ एकात्मक, कुछ कठोर

99. भारत में वयस्क मताधिकार की उम्र सीमा क्या है?
(a) 18 वर्ष (b) 20 वर्ष
(c) 21 वर्ष (d) 25 वर्ष

100. भारतीय संघीय व्यवस्था की एक विशेषता है–
(a) दोहरी नागरिकता
(b) संविधान की सर्वोच्चता
(c) केन्द्र में सम्पूर्ण शक्ति
(d) शक्तियों का एकीकरण

101. भारतीय राजनीतिक व्यवस्था में इनमें से कौन सर्वोच्च है?
(a) सर्वोच्च न्यायालय
(b) संविधान
(c) संसद
(d) धर्म

102. भारत के संविधान में संघीय शब्द की जगह किन शब्दों को स्थान दिया गया है?
(a) संघीय राज्य
(b) संघों का राज्य
(c) राज्यों का संघ
(d) इकाइओ का संघ

103. भारतीय संविधान की कौन-सी विशेष व्यवस्था इंग्लैण्ड से ली गयी है?
(a) संसदीय प्रणाली
(b) संघीय प्रणाली
(c) मूल अधिकार
(d) सर्वोच्च न्यायपालिका

104. भारतीय संविधान का सबसे बड़ा एकाकी स्रोत है–
(a) ब्रिटिश शासन
(b) USA का बिल ऑफ राइट्स
(c) गवर्नमेन्ट ऑफ इण्डिया ऐक्ट 1919
(d) गवर्नमेन्ट ऑफ इण्डिया ऐक्ट 1935

105. भारत की संघीय व्यवस्था किस देश की संघीय व्यवस्था से अधिक समानता रखती है?
(a) ऑस्ट्रेलिया (b) कनाडा
(c) अमेरिका (d) आयरलैण्ड

106. भारतीय संविधान में समवर्ती सूची कहाँ से ली गयी है?
(a) अमेरिका
(b) स्विट्जरलैण्ड
(c) ऑस्ट्रेलिया
(d) पूर्व सोवियत संघ

107. भारतीय संविधान के अंतर्गत संघ और राज्यों के बीच शक्तियों का विभाजन किसकी प्रेरणा पर आधारित है?
(a) अमेरिका
(b) कनाडा
(c) स्विटजरलैंड
(d) पूर्व सोवियत संघ

108. भारतीय संविधान में मौलिक कर्तव्य का विचार लिया गया है–
(a) अमेरिकी संविधान से
(b) ब्रिटिश संविधान से
(c) रूस के संविधान से
(d) फ्रांस के संविधान से

109. भारतीय संविधान में नीति-निर्देशक तत्वों की प्रेरणा मिली–
(a) ऑस्ट्रेलिया (b) अमेरिका
(c) फ्रांस (d) आयरलैंड

110. भारतीय संविधान में संसदीय व्यवस्था को किस देश के संविधान के समान रखा गया है?
(a) अमेरिका (b) कनाडा
(c) ब्रिटेन (d) फ्रांस

111. भारत के संविधान निर्माताओं ने न्यायिक पुनरावलोकन के विचार को ग्रहण किया है–
(a) ब्रिटेन से
(b) फ्रांस से
(c) स्विट्जरलैण्ड से
(d) अमेरिका से

112. 'कानून के समान संरक्षण' वाक्य कहाँ से लिया गया है?
(a) अमेरिका (b) ब्रिटेन
(c) कनाडा (d) ऑस्ट्रेलिया

113. भारतीय संविधान में आपात उपबन्ध लिया गया है–
(a) दक्षिण अफ्रीका
(b) जर्मनी के वीमर संविधान
(c) कनाडा
(d) पूर्व सोवियत संघ

114. भारतीय संविधान में राज्य के नीति निर्देशक तत्त्वों की संकल्पना किस देश से लिया गया है?
(a) फ्रांस
(b) आयरलैण्ड
(c) जापान
(d) पूर्व सोवियत संघ

115. राज्यसभा में मनोनीत सदस्य को कहाँ के संविधान से लिया गया है?
(a) फ्रांस
(b) आयरलैण्ड
(c) जापान
(d) पूर्व सोवियत संघ

116. संविधान के संरक्षक के रूप में सर्वोच्च न्यायालय का अधिकार विश्व के किस संविधान से लिया गया है?
(a) स्विट्जरलैण्ड से
(b) कनाडा से
(c) अमेरिका से
(d) इंग्लैण्ड से

117. भारत में कलेक्टर का पद औपनिवेशिक शासन ने उधार लिया था–
(a) इंग्लैण्ड से (b) आयरलैण्ड से
(c) ऑस्ट्रिया से (d) फ्रांस से

118. 'विधि के समक्ष समता' लिया गया है–
(a) इंग्लैण्ड से (b) अमेरिका से
(c) आयरलैण्ड से (d) जापान से

119. भारतीय संविधान में संघवाद किस देश से लिया गया है?
(a) UAE (b) USA
(c) ऑस्ट्रेलिया (d) कनाडा

120. सर्वोच्च न्यायालय की व्यवस्था भारतीय संविधान में किस देश से लिया गया है?
(a) जापान (b) USA
(c) ब्रिटेन (d) दक्षिण अफ्रीका

121. भारत के संविधान की प्रस्तावना में प्रतिष्ठान स्वतंत्रता, समानता और भाईचारे के आदर्श की प्रेरणा कहाँ से मिली थी?
(a) फ्रांस की क्रांति
(b) रूस की क्रांति
(c) अमेरिका के संविधान
(d) UN घोषणापत्र

122. भारतीय संविधान में कुल कितने भाग है?
(a) 18 (b) 20
(c) 22 (d) 24

123. संविधान के किस भाग में संविधान संशोधन की प्रक्रिया का उल्लेख है?
(a) भाग 3 (b) भाग 4
(c) भाग 20 (d) भाग 21

124. संविधान के किस भाग में ग्राम पंचायतों की स्थापना की बात कही गयी है?
(a) भाग 3 (b) भाग 4
(c) भाग 5 (d) भाग 6

125. भारतीय संविधान के किस भाग में पंचायती राज से सम्बन्धित प्रावधान है?
(a) भाग 6 (b) भाग 7
(c) भाग 8 (d) भाग 9

126. भारतीय संविधान के किस भाग में नगरपालिकाओं से सम्बन्धित प्रावधान है?
(a) भाग 4 (क) (b) भाग 9 (क)
(c) भाग 14 (क) (d) भाग 22

127. संविधान के किस भाग में मूल कर्त्तव्यों का उल्लेख है?
(a) भाग 4 (b) भाग 4 (क)
(c) भाग 9 (क) (d) भाग 17

128. भारत के संविधान का भाग IV किसके बारे में बताता है?
(a) मूलभूत अधिकार
(b) नागरिकता
(c) राज्य के नीति-निर्देशक सिद्धान्त
(d) मूलभूत कर्त्तव्य

129. संघीय कार्यपालिका की व्याख्या संविधान के किस भाग में गयी है?
(a) भाग II (b) भाग III
(c) भाग IV (d) भाग V

130. संविधान के किस भाग में नागरिकता का उल्लेख है?
(a) भाग I (b) भाग II
(c) भाग III (d) भाग IV

131. वर्तमान में भारतीय संविधान में कुल कितनी अनुसूचियाँ हैं?
(a) 8 (b) 10
(c) 12 (d) 14

132. मूल संविधान में कितनी अनुसूचियाँ थी?
(a) 8 (b) 9
(c) 10 (d) 11

133. संविधान सभा द्वारा अंतिम रूप से पारित संविधान में कुल कितनी अनुसूचियाँ थी?
(a) 6 (b) 8
(c) 10 (d) 12

134. संविधान सभा की प्रारूप समिति द्वारा प्रस्तुत संविधान में कितनी अनुसूचियाँ थी?
(a) 6 (b) 8
(c) 9 (d) 12

135. किस संविधान संशोधन अधिनियम द्वारा भारतीय संविधान में 9वीं अनुसूची जोड़ी गयी?
(a) पहला (b) दूसरा
(c) सातवाँ (d) नौवाँ

136. 73वें संविधान संशोधन अधिनियम द्वारा भारतीय संविधान में कौन-सी अनुसूची जोड़ी गयी?
(a) 9वीं (b) 10वीं
(c) 11वीं (d) 12वीं

137. 14वें संविधान संशोधन अधिनियम द्वारा भारतीय संविधान में कौन-सी अनुसूची जोड़ी गयी?
(a) 9वीं (b) 10वीं
(c) 11वीं (d) 12वीं

138. संविधान की द्वितीय अनुसूची का सम्बन्ध किससे है?
(a) राज्यसभा में प्रतिनिधित्व से
(b) भाषाओं से
(c) शपथ ग्रहण से
(d) महत्त्वपूर्ण पदाधिकारियों के वेतन से

139. भारतीय संविधान की तीसरी अनुसूची का सम्बन्ध है–
(a) राज्यसभा में प्रतिनिधित्व
(b) शपथ तथा प्रतिज्ञान
(c) भाषाओं से
(d) महत्त्वपूर्ण पदाधिकारियों के वेतन से

140. राज्यसभा में स्थानों के आवंटन की सूची है–
(a) प्रथम अनुसूची (b) द्वितीय अनुसूची
(c) तृतीय अनुसूची (d) चतुर्थ अनुसूची

141. भारत के संविधान की छठी अनुसूची का प्रमुख उपबंध निम्नलिखित में से किससे है?
(a) सरकारी नौकरियों में आरक्षण
(b) जनजातीय भूमि का संरक्षण
(c) उत्तर-पूर्व भारत में जनजातीय क्षेत्रों के प्रशासन में स्वायत्तता
(d) शैक्षणिक संस्थानों में आरक्षण

142. भारतीय संविधान में राजभाषा का उल्लेख किस अनुसूची में है?
(a) सातवीं (b) आठवीं
(c) नौवीं (d) दसवीं

143. 52वाँ संविधान संशोधन अधिनियम 1985 को संविधान की किस अनुसूची में रखा गया है?
(a) 7वीं (b) 8वीं
(c) 9वीं (d) 10वीं

144. राज्यों के नामों एवं उसके विस्तार का उल्लेख किस अनुसूची में है?
(a) पहली (b) दूसरी
(c) तीसरी (d) चौथी

145. निम्नलिखित में से कौन नई जोड़ी गयी अनुसूची नहीं है?
(a) अठवीं अनुसूची
(b) नवीं अनुसूची
(c) दसवीं अनुसूची
(d) ग्यारहवीं अनुसूची

146. संविधान के किस अनुच्छेद में यह अंकित है कि 'भारत अर्थात् इण्डिया राज्यों का एक संघ' होगा?
(a) अनुच्छेद-1 (b) अनुच्छेद-2
(c) अनुच्छेद-3 (d) अनुच्छेद-4

147. संविधान के अनुच्छेद-1 में भारत को क्या कहा गया है?
(a) परिसंघ
(b) महासंघ
(c) परिसंघ प्रबल एकात्मक आधार के साथ
(d) राज्यों का संघ

148. भारतीय संविधान में नागरिकता सम्बन्धी प्रावधान है?
(a) अनुच्छेद 1-5
(b) अनुच्छेद 5-11
(c) अनुच्छेद 12-15
(d) अनुच्छेद 36-51

149. मौलिक अधिकार प्रदान किया गया है–
(a) अनुच्छेद 112-115
(b) अनुच्छेद 12-35
(c) अनुच्छेद 222-235
(d) अनुच्छेद 5-11

150. कमजोर वर्ग के लिए आरक्षण का प्रावधान है?
(a) अनुच्छेद 14 (b) अनुच्छेद 16
(c) अनुच्छेद 17 (d) अनुच्छेद 23

151. संविधान के किस धारा के तहत छुआछूत को समाप्त किया गया है?
(a) अनुच्छेद 16 (b) अनुच्छेद 17
(c) अनुच्छेद 18 (d) अनुच्छेद 19

152. किस अनुच्छेद में प्रेस की आजादी अन्तर्निहित है?
(a) अनुच्छेद 14
(b) अनुच्छेद 17
(c) अनुच्छेद 19(i)अ
(d) अनुच्छेद 24

153. मौलिक अधिकार के अन्तर्गत कौन-सा अनुच्छेद बच्चों के शोषण से सम्बन्धित है?
(a) अनुच्छेद 17 (b) अनुच्छेद 19
(c) अनुच्छेद 23 (d) अनुच्छेद 24

154. भारतीय संविधान के किस अनुच्छेद में अल्पसंख्यकों के हितों में संरक्षण की व्यवस्था है?
(a) अनुच्छेद 32 (b) अनुच्छेद 29
(c) अनुच्छेद 19 (d) अनुच्छेद 14

155. कौन-से अनुच्छेद के अन्तर्गत भारत का सर्वोच्च न्यायालय नागरिकों के मौलिक अधिकारों की रक्षा करता है?
(a) अनुच्छेद 74 (b) अनुच्वेद 61
(c) अनुच्छेद 54 (d) अनुच्छेद 32

156. भारतीय संविधान के किन अनुच्छेदों में राज्य के नीति-निर्देशक तत्त्वों का उल्लेख है?
(a) अनुच्छेद 33-46
(b) अनुच्छेद 34-48
(c) अनुच्छेद 36-51
(d) अनुच्छेद 37-52

157. भारतीय संविधान के अन्तर्गत कल्याणकारी राज्य की अवधारणा किस अनुच्छेद में वर्णित है?
(a) अनुच्छेद 31 (b) अनुच्छेद 39
(c) अनुच्छेद 49 (d) अनुच्छेद 51

158. ग्राम पंचायतों की संगठित करने का निर्देश किस अनुच्छेद में है?
(a) अनुच्छेद 40 (b) अनुच्छेद 46
(c) अनुच्छेद 48 (d) अनुच्छेद 51

159. 42वें संशोधन द्वारा संविधान के किस अनुच्छेद में मौलिक कर्त्तव्यों को जोड़ा गया है?
(a) अनुच्छेद 51 (b) अनुच्छेद 51A
(c) अनुच्छेद 29B (d) अनुच्छेद 39C

160. संघ की कार्यपालिका शक्ति राष्ट्रपति में निहित होगी, जिनका प्रयोग वह स्वयं या अपने अधीनस्थ अधिकारियों के द्वारा करेगा।

(a) अनुच्छेद 51 (b) अनुच्छेद 52
(c) अनुच्छेद 53 (d) अनुच्छेद 54

161. राष्ट्रपति पर महाभियोग किस अनुच्छेद के अन्तर्गत चलाया जायेगा?
(a) अनुच्छेद 61 (b) अनुच्छेद 75
(c) अनुच्छेद 76 (d) अनुच्छेद 85

162. संविधान के किस अनुच्छेद में उपराष्ट्रपति पद का प्रावधान किया गया है?
(a) अनुच्छेद 52 (b) अनुच्छेद 53
(c) अनुच्छेद 63 (d) अनुच्छेद 76

163. संविधान के किस अनुच्छेद के अन्तर्गत मंत्रिगण सामूहिक रूप से लोकसभा के प्रति उत्तरदायी है?
(a) अनुच्छेद 73 (b) अनुच्छेद 74
(c) अनुच्छेद 75 (d) अनुच्छेद 76

164. भारतीय संविधान का कौन-सा अनुच्छेद केन्द्र में मंत्रिपरिषद् की नियुक्ति तथा पदच्युति को विवेचित करता है?
(a) अनुच्छेद 65 (b) अनुच्छेद 75
(c) अनुच्छेद 85 (d) अनुच्छेद 110

165. भारत के महान्यायवादी की नियुक्ति से सम्बन्धित अनुच्छेद कौन-सा है?
(a) अनुच्छेद 53 (b) अनुच्छेद 63
(c) अनुच्छेद 76 (d) अनुच्छेद 79

166. कौन-सा अनुच्छेद संसद के दो अधिवेशनों के बीच 6 माह के अन्तराल की अनिवार्यता का उल्लेख करता है?
(a) अनुच्छेद 81 (b) अनुच्छेद 82
(c) अनुच्छेद 83 (d) अनुच्छेद 85

167. राष्ट्रपति संविधान के किस अनुच्छेद के अन्तर्गत लोकसभा को भंग कर सकता है?
(a) अनुच्छेद 85 (b) अनुच्छेद 95
(c) अनुच्छेद 356 (d) अनुच्छेद 365

168. संसद की संयुक्त बैठक का प्रावधान किस अनुच्छेद में है?
(a) अनुच्छेद 106 (b) अनुच्छेद 108
(c) अनुच्छेद 110 (d) अनुच्छेद 112

169. संविधान के किस अनुच्छेद में धन विधेयक की परिभाषा दी गयी है?
(a) अनुच्छेद 103 (b) अनुच्छेद 109
(c) अनुच्छेद 110 (d) 124

170. भारतीय संविधान का कौन-सा अनुच्छेद भारत के संचित कोष से सम्बन्धित है?
(a) अनुच्छेद 112 (b) अनुच्छेद 146
(c) अनुच्छेद 148 (d) उपर्युक्त सभी

171. संविधान के किस अनुच्छेद के अन्तर्गत राष्ट्रपति अध्यादेश जारी करता है?
(a) अनुच्छेद 109 (b) अनुच्छेद 110
(c) अनुच्छेद 123 (d) अनुच्छेद 124

172. संविधान के किस अनुच्छेद में सर्वोच्च न्यायालय के न्यायाधीश पर महाभियोग चलाये जाने का प्रावधान है?
(a) अनुच्छेद 256 (b) अनुच्छेद 151
(c) अनुच्छेद 124 (d) अनुच्छेद 111

173. राष्ट्रपति सर्वोच्च न्यायालय से संविधान के किस अनुच्छेद के अन्तर्गत परामर्श ले सकता है?
(a) अनुच्छेद 123 (b) अनुच्छेद 352
(c) अनुच्छेद 312 (d) अनुच्छेद 143

174. सर्वोच्च न्यायालय अपने द्वारा सुनाये गये किसी निर्णय या आदेश का पुनरावलोकन कर सकता है। यह व्यवस्था संविधान के किस अनुच्छेद में उपबंधित है?
(a) अनुच्छेद 138 (b) अनुच्छेद 139
(c) अनुच्छेद 137 (d) अनुच्छेद 143

175. भारतीय संविधान में सर्वोच्च न्यायालय तथा उच्च न्यायालय को न्यायिक पुनरावलोकन की शक्ति प्रदान की गयी है, जिसका आधार है–
(a) अनुच्छेद 13 (b) अनुच्छेद 32
(c) अनुच्छेद 226 (d) अनुच्छेद 368

176. संविधान के किस अनुच्छेद के अन्तर्गत अधीनस्थ न्यायालय या जिला न्यायालय का प्रावधान किया गया है?
(a) अनुच्छेद 231 (b) अनुच्छेद 233
(c) अनुच्छेद 131 (d) अनुच्छेद 143

177. किस अनुच्छेद के तहत अवशिष्ट शक्तियाँ केन्द्र के पास है?
(a) अनुच्छेद 245 (b) अनुच्छेद 246
(c) अनुच्छेद 247 (d) अनुच्छेद 248

178. राज्यों द्वारा प्रार्थना करने पर भारत की संसद उन राज्यों के लिए किस अनुच्छेद के अन्तर्गत कानून बना सकती है?
(a) अनुच्छेद 251 (b) अनुच्छेद 252
(c) अनुच्छेद 253 (d) अनुच्छेद 254

179. संविधान का कौन-सा अनुच्छेद संसद की राज्य सूची के किसी विषय पर विधान बनाने की शक्ति देता है?
(a) अनुच्छेद 115 (b) अनुच्छेद 183
(c) अनुच्छेद 221 (d) अनुच्छेद 249

180. केन्द्र-राज्य के प्रशासनिक सम्बन्ध भारतीय संविधान के किस अनुच्छेद में वर्णित है?
(a) अनुच्छेद 256-263
(b) अनुच्छेद 352-356
(c) अनुच्छेद 250-280
(d) इनमें से कोई नहीं

181. संविधान के किस अनुच्छेद के अन्तर्गत केन्द्र सरकार राज्य सरकारों को निर्देश दे सकती है?
(a) अनुच्छेद 256 (b) अनुच्छेद 263
(c) अनुच्छेद 356 (d) अनुच्छेद 370

182. अन्तर्राज्यीय परिषद् के गठन का प्रावधान संविधान के किस अनुच्छेद के अन्तर्गत किया गया है?
(a) अनुच्छेद 293 (b) अनुच्छेद 280
(c) अनुच्छेद 263 (d) अनुच्छेद 249

183. भारतीय संविधान के किस अनुच्छेद के अन्तर्गत वित्त आयोग के गठन का प्रावधान है?
(a) अनुच्छेद 249 (b) अनुच्छेद 280
(c) अनुच्छेद 386 (d) अनुच्छेद 370

184. सम्पत्ति का अधिकार संवैधानिक अधिकार है। यह बताया गया है—
(a) अनुच्छेद 28
(b) अनुच्छेद 30
(c) अनुच्छेद 31(घ)
(d) अनुच्छेद 300(क)

185. राज्य लोक सेवा एवं संघ लोक सेवा का प्रावधान है?
(a) अनुच्छेद 310 (b) अनुच्छेद 312
(c) अनुच्छेद 313 (d) अनुच्छेद 315

186. संविधान का अनुच्छेद 312 सम्बन्धित है—
(a) अखिल भारतीय सेवाओं से
(b) प्रवक्ताओं से
(c) हिन्दी भाषा से
(d) राष्ट्रपतियों से

187. संघ लोक सेवा आयोग के कार्यों का उल्लेख किस अनुच्छेद के अन्तर्गत है?
(a) अनुच्छेद 320 (b) अनुच्छेद 322
(c) अनुच्छेद 324 (d) अनुच्छेद 325

188. संविधान के किस अनुच्छेद में हिन्दी भाषा के विकास के लिए निर्देश दिया गया है?
(a) अनुच्छेद 330 (b) अनुच्छेद 336
(c) अनुच्छेद 343 (d) अनुच्छेद 351

189. राष्ट्रपति राष्ट्रीय आपातकाल की घोषणा करता है?
(a) अनुच्छेद 352 (b) अनुच्छेद 356
(c) अनुच्छेद 360 (d) अनुच्छेद 368

190. वित्तीय आपात की उद्घोषणा किस अनुच्छेद के तहत होती है?
(a) अनुच्छेद 352 (b) अनुच्छेद 356
(c) अनुच्छेद 360 (d) अनुच्छेद 355

191. संविधान में मंत्रिमंडल शब्द का एक बार प्रयोग हुआ है और यह है—
(a) अनुच्छेद 352 (b) अनुच्छेद 74
(c) अनुच्छेद 356 (d) अनुच्छेद 76

192. संसद को संविधान संशोधन का अधिकार दिया गया है—
(a) अनुच्छेद 349 में
(b) अनुच्छेद 368 में
(c) अनुच्छेद 390 में
(d) अनुच्छेद 351 में

193. जम्मू-कश्मीर को कौन-सी धारा के अन्तर्गत विशेष दर्जा प्राप्त है?
(a) अनुच्छेद 360 (b) अनुच्छेद 368
(c) अनुच्छेद 370 (d) अनुच्छेद 371

194. भारतीय संविधान में समानता का अधिकार पांच अनुच्छेदों द्वारा प्रदान किया है—
(a) अनुच्छेद 16 से 20
(b) अनुच्छेद 15 से 19
(c) अनुच्छेद 14 से 18
(d) अनुच्छेद 13 से 17

195. भारत एक है—
(a) संघ राज्य
(b) राज्यों का संघ
(c) प्रान्तों का संघ
(d) एक राज्य इकाई

196. भारत का संविधान भारत को कैसे वर्णित करता है?
(a) राज्यमंडल
(b) राज्यों का संघ
(c) महासंघ
(d) इनमें से कोई नहीं

197. भारतीय संघ में किसी राज्य को सम्मिलित करने का अधिकार किसे है?
(a) राष्ट्रपति (b) प्रधानमंत्री
(c) संसद (d) लोकसभाध्यक्ष

198. नये राज्य के गठन अथवा सीमा में परिवर्तन करने का अधिकार किसको है?
(a) प्रधानमंत्री को (b) मंत्रिमंडल को
(c) राष्ट्रपति को (d) संसद को

199. 500 से अधिक रजवाड़ों के भारत में विलय के लिए कौन उत्तरदायी था?
(a) के०एम० मुंशी
(b) बी०आर० अम्बेडकर
(c) सरदार पटेल
(d) सरदार बलदेव सिंह

200. मूल संविधान में राज्यों को कितने वर्गों में रखा गया था?
(a) 1 (b) 2
(c) 3 (d) 4

201. मूल संविधान में राज्यों की संख्या कितनी थी?
(a) 21 (b) 25
(c) 27 (d) 31

202. भाषायी आधार पर गठित भारत का प्रथम राज्य था–
(a) हरियाणा (b) आन्ध्र प्रदेश
(c) तमिलनाडु (d) कर्नाटक

203. राज्य पुनर्गठन आयोग का गठन किस वर्ष किया गया था?
(a) 1950 ई० (b) 1951 ई०
(c) 1952 ई० (d) 1953 ई०

204. राज्य पुनर्गठन आयोग (1956 ई०) के अध्यक्ष कौन थे?
(a) जस्टिस फजल अली
(b) जस्टिस एम०पी० छागला
(c) एच०एन० कुंजरू
(d) गुलजारी लाल नन्दा

205. राज्यु पुनर्गठन अधिनियम 1956 के पश्चात् राज्यों और केन्द्र शासित प्रदेशों की संख्या क्रमश: कितनी थी?
(a) 16, 3 (b) 15, 6
(c) 14, 5 (d) 14, 7

206. कराइकल, माहे, यनाम सहित पांडिचेरी की फ्रांसीसी बस्ती को फ्रांसीसी सरकार ने किस वर्ष भारत को अध्यर्पित किया?
(a) 1952 (b) 1954
(c) 1955 (d) 1958

207. सिक्किम को किस वर्ष भारतीय संघ में संयुक्त राज्य के रूप में शामिल किया गया?
(a) 1971 में (b) 1972 में
(c) 1974 में (d) 1975 में

208. किस वर्ष सिक्किम को राज्य का दर्जा दिया गया?
(a) 1973 में (b) 1974 में
(c) 1975 में (d) 1976 में

209. भारतीय संविधान के किन अनुच्छेदों में नागरिकता सम्बन्धी प्रावधान किये गये हैं?
(a) अनुच्छेद 1-4
(b) अनुच्छेद 5-11
(c) अनुच्छेद 12-35
(d) अनुच्छेद 36-51

210. भारतीय संविधान निम्नलिखित में से कौन-सी नागरिकता प्रदान करता है?
(a) एकल नागरिकता
(b) दोहरी नागरिकता
(c) उपर्युक्त दोनों
(d) उपर्युक्त में से कोई नहीं

211. किस अनुच्छेद के तहत संसद को नागरिकता के सम्बन्ध में कानून बनाने का अधिकार प्रदान किया गया है?
(a) अनुच्छेद 5 (b) अनुच्छेद 9
(c) अनुच्छेद 10 (d) अनुच्छेद 11

212. भारतीय नागरिकता नहीं प्राप्त की जा सकती है–
(a) जन्म द्वारा
(b) देशीयकरण द्वारा
(c) किसी भू-भाग में सम्मिलन द्वारा
(d) भारतीय बैंक में धन जमा करके

213. पाकिस्तान से आकर भारत में नागरिकता प्राप्त करने सम्बन्धी प्रावधान का वर्णन किस अनुच्छेद में वर्णित है?
(a) अनुच्छेद 6 (b) अनुच्छेद 8
(c) अनुच्छेद 9 (d) अनुच्छेद 11

214. भारत के नागरिकों को कितने प्रकार की नागरिकता प्राप्त है?
(a) एक (b) दो
(c) तीन (d) चार

215. कितने वर्षों तक लगातार बाहर रहने पर नागरिकता समाप्त हो जाती है?
(a) 3 वर्ष (b) 5 वर्ष
(c) 7 वर्ष (d) 9 वर्ष

216. भारतीय संविधान में शामिल इकहरी नागरिकता किस देश के संविधान से प्रेरित है?
(a) ब्रिटेन (b) अमेरिका
(c) कनाडा (d) आयरलैण्ड

217. संविधान द्वारा प्रदत्त नागरिकता के सम्बन्ध में संसद ने एक व्यापक नागरिकता अधिनियम कब बनाया?
(a) 1950 (b) 1952
(c) 1955 (d) 1960

218. मौलिक अधिकार संविधान के किस भाग में वर्णित है?
(a) भाग II (b) भाग III
(c) भाग IV (d) भाग VI

219. मूल अधिकारों को सर्वप्रथम किस देश में संवैधानिक मान्यता प्रदान की गयी?
(a) भारत (b) अमेरिका
(c) फ्रांस (d) ब्रिटेन

220. डॉ० भीमराव अम्बेडकर ने भारतीय संविधान के किस भाग को सर्वाधिक आलोकित भाग कहा है?
(a) भाग I (b) भाग II
(c) भाग III (d) भाग IV

221. भारतीय संविधान के भाग III में कुल कितने अनुच्छेदों में मूल अधिकारों का वर्णन है?
(a) 21 (b) 22
(c) 23 (d) 24

222. वर्तमान में भारतीय नागरिकों को कितने मौलिक अधिकार प्राप्त हैं?
(a) 6 (b) 7
(c) 8 (d) 9

223. मौलिक अधिकारों को लागू करने का दायित्व है–
(a) उच्चतम न्यायालय पर
(b) उच्च न्यायालय पर
(c) उपर्युक्त दोनों पर
(d) भारत के मुख्य न्यायाधीश पर

224. मौलिक अधिकारों का निलम्बन कौन कर सकता है?
(a) प्रधानमंत्री
(b) संसद
(c) राष्ट्रपति
(d) सर्वोच्च न्यायालय

225. मौलिक अधिकारों का संरक्षक है–
(a) उच्च न्यायालय
(b) उच्चतम न्यायालय
(c) संसद
(d) राष्ट्रपति

226. भारतीय संविधान में प्रदत्त मूलभूत अधिकारों को निलंबित करने वाली सत्ता है–
(a) सर्वोच्च न्यायालय
(b) संसद
(c) प्रधानमंत्री
(d) राष्ट्रपति

227. समानता का अधिकार भारतीय संविधान के किन अनुच्छेदों में दिया गया है?
(a) अनुच्छेद 5-9
(b) अनुच्छेद 9-13
(c) अनुच्छेद 14-18
(d) अनुच्छेद 17-21

228. भारतीय संविधान के निम्नलिखित अनुच्छेदों में से कौन विधायन सत्ता पर पूर्ण नियत्रंण लगता है?
(a) अनुच्छेद 14 (b) अनुच्छेद 15
(c) अनुच्छेद 16 (d) अनुच्छेद 17

229. विधि के सामने समानता का अधिकार है–
(a) नागरिक अधिकार
(b) आर्थिक अधिकार
(c) सामाजिक अधिकार
(d) राजनीतिक अधिकार

230. समानता का अधिकार भारतीयों के लिए सुनिश्चित करता है–
(a) धार्मिक समानता
(b) आर्थिक समानता
(c) सामाजिक समानता
(d) उपर्युक्त सभी

231. भारत का संविधान स्पष्टत: प्रेस की आजादी की व्यवस्था नहीं करता है, किन्तु यह आजादी अन्तनिर्मित है अनुच्छेद–
(a) 19(i) अ में (b) 19(ii) ब में
(c) 19(i) स में (d) 19(i) द में

232. स्वतंत्रता के मूल अधिकार से सम्बन्धित संविधान के अनुच्छेद 19 के अन्तर्गत कितने प्रकार की स्वतंत्रताएं प्रत्याभूत हैं?
(a) 10 (b) 8
(c) 6 (d) 4

233. स्वतंत्रता का अधिकार संविधान के किन अनुच्छेदों में वर्णित है?

(a) अनुच्छेद 14 से 18
(b) अनुच्छेद 19 से 22
(c) अनुच्छेद 23 से 24
(d) अनुच्छेद 25 से 30

234. भारत के संविधान का निम्नलिखित में से कौन-सा अनुच्छेद प्रेस की स्वतंत्रता से सम्बन्धित है?
(a) अनुच्छेद 19   (b) अनुच्छेद 20
(c) अनुच्छेद 21   (d) अनुच्छेद 22

235. भारतीय संविधान का कौन-सा अनुच्छेद व्यक्ति के विदेश यात्रा अधिकार को संरक्षण प्रदान करता है?
(a) 14
(b) 19
(c) 21
(d) इनमें से कोई नहीं

236. संविधान के किन अनुच्छेदों में शोषण के विरुद्ध अधिकार वर्णित है?
(a) अनुच्छेद 14-18
(b) अनुच्छेद 15-22
(c) अनुच्छेद 23-24
(d) अनुच्छेद 25-30

237. किस आयु के बालक को किसी खान अथवा अन्य संकटमय सेवा में लगाये जाने का प्रतिषेध किया गया है?
(a) 14 वर्ष से कम
(b) 16 वर्ष से कम
(c) 18 वर्ष से कम
(d) 21 वर्ष से कम

238. निम्नलिखित में से किस अनुच्छेद में कहा गया है कि किसी भी व्यक्ति को एक ही अपराध के लिए एक बार से अधिक अभियोजित एवं दंडित नहीं किया जायेगा?
(a) अनुच्छेद 20   (b) अनुच्छेद 21
(c) अनुच्छेद 22   (d) अनुच्छेद 17

239. धार्मिक स्वतंत्रता का अधिकार संविधान के किन अनुच्छेदों में वर्णित है?
(a) अनुच्छेद 14-18
(b) अनुच्छेद 19-22
(c) अनुच्छेद 23-24
(d) अनुच्छेद 25-30

240. भारतीय संविधान के अनुच्छेद 25 का सम्बन्ध है–
(a) समानता के अधिकार से
(b) सम्पत्ति के अधिकार से

(c) धर्म की स्वतंत्रता से
(d) अल्पसंख्यकों की स्वतंत्रता से

241. संविधान के किस अनुच्छेद द्वारा सिखों द्वारा कृपाण धारण करना धार्मिक स्वतंत्रता का अंग माना गया है?
(a) अनुच्छेद 24   (b) अनुच्छेद 25
(c) अनुच्छेद 26   (d) अनुच्छेद 27

242. संविधान के किन अनुच्छेदों के अन्तर्गत अल्पसंख्यकों को अपनी संस्कृति के संरक्षण तथा अपनी पंसद की शिक्षा संस्थाओं की स्थापना व संचालन के अधिकार को मान्यता प्रदान की गयी है?
(a) अनुच्छेद 23
(b) अनुच्छेद 29 एवं 30
(c) अनुच्छेद 32
(d) अनुच्छेद 38 एवं 39

243. धार्मिक स्वतंत्रता का अधिकार किस अनुच्छेद के द्वारा दिया गया है?
(a) अनुच्छेद 20
(b) अनुच्छेद 22
(c) अनुच्छेद 25
(d) इनमें से कोई नहीं

244. संवैधानिक उपचारों का अधिकार किस अनुच्छेद में है?
(a) अनुच्छेद 30   (b) अनुच्छेद 31
(c) अनुच्छेद 32   (d) अनुच्छेद 35

245. मौलिक अधिकारों को लागू करने के लिए निम्नलिखित में से किसी न्यायालय द्वारा जारी किया जा सकता है–
(a) डिक्री   (b) अध्यादेश
(c) समादेश   (d) अधिसूचना

246. व्यक्तिगत स्वतंत्रता के लिए निम्नलिखित में से कौन-सी रिट याचिका दायर की जा सकती है?
(a) मैण्डमस
(b) को वारन्टो
(c) हेबियस कॉर्पस
(d) सर्शियोरेटी

247. बन्दी प्रत्यक्षीकरण के अतिरिक्त निम्नलिखित में से किस याचिका को उच्च न्यायालय जारी कर सकता है?
(a) उत्प्रेषण   (b) परमादेश
(c) अधिकार पृच्छा(d) इनमें से सभी

248. निम्नलिखित में से किस याचिका का शाब्दिक अर्थ होता है-'हम आदेश देते हैं?'
(a) बंदी प्रत्यक्षीकरण
(b) परमादेश
(c) अधिकार पृच्छा
(d) उत्प्रेषण

249. निम्नलिखित में से किस याचिका के अधीन किसी कर्मचारी को ऐसी कार्यवाही करने से रोका जाता है, जिसके लिए सरकारी तौर पर वह हकदार नहीं है?
(a) परमादेश
(b) अधिकार पृच्छा
(c) उत्प्रेषण
(d) बंदी प्रत्यक्षीकरण

250. संपत्ति का अधिकार एक–
(a) मौलिक अधिकार है
(b) नैसर्गिक अधिकार है
(c) वैधानिक अधिकार है
(d) कानूनी अधिकार है

251. 44वें संविधान संशोधन विधेयक द्वारा किस मौलिक अधिकार को सामान्य वैधानिक अधिकार बना दिया गया?
(a) स्वतंत्रता का अधिकार
(b) समानता का अधिकार
(c) सम्पत्ति का अधिकार
(d) सांस्कृतिक तथा शैक्षणिक अधिकार

252. किस वाद ने संसद को मौलिक अधिकारों में संशोधन का अधिकार दिया?
(a) केशवानन्द भारतीय वाद
(b) राजनारायण बनाम इन्दिरा गांधीवाद
(c) गोकलनाथ वाद
(d) सज्जन कुमार वाद

253. राज्य के नीति-निर्देशक तत्त्वों का उल्लेख भारतीय संविधान के किस भाग में है?
(a) भाग II (b) भाग III
(c) भाग IV (d) भाग V

254. राज्य के नीति निर्देशक तत्त्वों में निम्नलिखित में से किस प्रकार के अन्तर्निहित है?
(a) आर्थिक सिद्धान्त
(b) सामाजिक सिद्धान्त
(c) प्रशासनिक सिद्धान्त
(d) उपर्युक्त सभी

255. संविधान में कल्याणकारी राज्य का आदेश दिया जाता है–
(a) 42वें संशोधन में
(b) प्रस्तावना में
(c) नीति निर्देशक तत्त्वों में
(d) मूल अधिकारों में

256. नीति निर्देशक सिद्धान्त है–
(a) वाद योग्य
(b) वाद योग्य नहीं
(c) मौलिक अधिकार
(d) उपरोक्त में से कोई नहीं

257. मौलिक अधिकार एवं राज्य के नीति निर्देशक तत्त्वों के विषय में कौन-सा कथन सही है?
(a) वे एक-दूसरे के पूरक हैं
(b) वे परस्पर विरोधी है
(c) उन दोनों में कोई अंतर नहीं है
(d) वे दोनों वाद योग्य है

258. नीति निर्देशक तत्त्वों को कार्यान्वित करने के लिए क्या मूल अधिकारों का हनन हो सकता है?
(a) हाँ (b) कुछ का
(c) नहीं (d) विवादग्रस्त है

259. भारत के संविधान में अन्तर्राष्ट्रीय सुरक्षा को प्रोत्साहन देना सन्निहित है–
(a) संविधान के प्रस्तावना में
(b) राज्य के नीति निर्देशक तत्त्व में
(c) मौलिक कर्त्तव्य में
(d) नवम् अनुसूची में

260. समान कार्य के लिए समान वेतन भारत के संविधान में सुनिच्वत किया गया, एक–
(a) मौलिक अधिकार है
(b) मौलिक कर्त्तव्य है
(c) आर्थिक अधिकार है
(d) राज्य के नीति निर्देशक सिद्धान्त का भंग है

261. संविधान का कौन-सा अंश भारत के नागरिकों को आर्थिक न्याय प्रदान करने का संकेत करता है?
(a) राज्य के नीति निर्देशक तत्त्व
(b) मौलिक अधिकार
(c) प्रस्तावना
(d) उपर्युक्त सभी

262. निम्नलिखित में से कौन-सा राज्य नीति का नीति-निर्देशक सिद्धान्त नहीं है?
(a) अन्तर्राष्ट्रीय शांति को प्रोत्साहन
(b) 14 वर्ष तक के बच्चों को नि:शुल्क अनिवार्य शिक्षा प्रदान करना

(c) गोवध निषेध
(d) निजी सम्पत्ति की समाप्ति

263. भारत के किस राज्य में समान नागरिक संहिता लागू है?
(a) मेघालय (b) केरल
(c) हरियाणा (d) गोवा

264. समान सिविल संहिता की बात किस अनुच्छेद में है?
(a) अनुच्छेद 40 (b) अनुच्छेद 44
(c) अनुच्छेद 45 (d) अनुच्छेद 45 क

265. समान न्याय और निःशुल्क विधि सहायता का प्रावधान संविधान के किस अनुच्छेद में है?
(a) अनुच्छेद 39 (b) अनुच्छेद 39A
(c) अनुच्छेद 40 (d) अनुच्छेद 44

266. न्यायपालिका का कार्यपालिका से पृथक्करण का उल्लेख किया गया है?
(a) अनुच्छेद 45 (b) अनुच्छेद 46
(c) अनुच्छेद 58 (d) अनुच्छेद 50

267. राज्य के नीति-निर्देशक सिद्धान्तों में से किस अनुच्छेद का सम्बन्ध अन्तर्राष्ट्रीय शांति और सुरक्षा के संवर्द्धन से है?
(a) अनुच्छेद 48 (b) अनुच्छेद 51
(c) अनुच्छेद 52 (d) अनुच्छेद 54

268. भारतीय संविधान के किस अनुच्छेद द्वारा निम्न दुर्बल वर्गों को शिक्षा सम्बन्धी सुरक्षा प्रदान की गयी है?
(a) अनुच्छेद 45 (b) अनुच्छेद 46
(c) अनुच्छेद 47 (d) अनुच्छेद 48

269. संविधान के किस भाग में मूल कर्त्तव्यों के अध्याय को जोड़ा गया है?
(a) भाग III (b) भाग IIIक
(c) भाग IV (d) भाग IVक

270. भारतीय संविधान में मूल कर्त्तव्य कब समाविष्ट किये गये?
(a) 1971 (b) 1972
(c) 1975 (d) 1976

271. भारत के संविधान के किस अनुच्छेद में मौलिक कर्त्तव्य की चर्चा की गयी है?
(a) अनुच्छेद 51A (b) अनुच्छेद 50A
(c) अनुच्छेद 49A (d) अनुच्छेद 52A

272. वर्तमान में संविधान में कुल कितने मूल कर्त्तव्यों का उल्लेख है?
(a) 8 (b) 10
(c) 11 (d) 12

273. मूल कर्त्तव्यों को कहाँ के संविधान से लिया गया है?
(a) आयरलैंड
(b) ब्रिटेन
(c) ऑस्ट्रेलिया
(d) पूर्व सोवियत संघ

274. संविधान में उल्लिखित मौलिक कर्त्तव्य किसके लिए है?
(a) सभी व्यक्तियों के लिए
(b) सभी नागरिकों के लिए
(c) केवल गैर नागरिकों के लिए
(d) केवल केन्द्रीय व राज्य के कर्मचारियों के लिए

275. भारत की संघीय व्यवस्थापिका को किस नाम से जाना जाता है?
(a) लोकसभा (b) राज्यसभा
(c) प्रतिनिधि सभा (d) संसद

276. भारतीय संसद बनती है–
(a) केवल लोकसभा
(b) राज्यसभा एवं लोकसभा द्वारा
(c) लोकसभा एवं राष्ट्रपति के द्वारा
(d) लोकसभा, राज्यसभा एवं राष्ट्रपति के द्वारा

277. संसद का निम्न सदन एवं उच्च सदन क्रमशः है–
(a) राज्यसभा एवं लोकसभा
(b) लोकसभा एवं राज्यसभा
(c) लोकसभा एवं विधानसभा
(d) राज्यसभा एवं विधानसभा

278. संसद के कितने सत्र होते है?
(a) बजट सत्र
(b) मानसून सत्र
(c) शीतकालीन सत्र
(d) उपर्युक्त सभी

279. संसद के दो क्रमिक अधिवेशनों के बीच अधिकतम कितने समयान्तराल की अनुमति है?
(a) 4 माह (b) 6 माह
(c) 8 माह (d) 9 माह

280. भारतीय संसद के दोनों सदनों की संयुक्त बैठक कब होती है?
(a) राष्ट्रपति जब बुलाये
(b) लोकसभा एवं राज्यसभा में मतभेद होने पर
(c) संसद का सत्र शुरु होने पर
(d) इनमें से कोई नहीं

281. संसद के दोनों सदनों के संयुक्त अधिवेशनों की अध्यक्षता कौन करता है?
(a) राष्ट्रपति (b) उपराष्ट्रपति
(c) प्रधानमंत्री (d) लोकसभाध्यक्ष

282. संसद के किसी सदस्य की सदस्यता तब समाप्त समझी जाती है, यदि वह बिना सदन को सूचित किये अनुपस्थित रहता है—
(a) 60 दिन (b) 90 दिन
(c) 120 दिन (d) 150 दिन

282. सांसदों के वेतन का निर्णय कौन करता है?
(a) संसद
(b) केन्द्रीय मंत्रिपरिषद्
(c) राष्ट्रपति
(d) लोकसभाध्यक्ष

284. संसद के कुल सदस्यों का कितना भाग वैधानिक चैम्बर की मीटिंग बुलाने के लिए आवश्यक गणपूर्ति है?
(a) 1/10 (b) 1/6
(c) 1/4 (d) 1/3

285. संविधान लागू होने के बाद सर्वप्रथम त्रिशंकु संसद का गठन कब हुआ?
(a) 1980 (b) 1989
(c) 1999 (d) 1977

286. भारत की संसद का उद्घाटन कब हुआ था?
(a) 1917 में (b) 1927 में
(c) 1937 में (d) 1947 में

287. किसी संसद सदस्य की अयोग्यता के सन्दर्भ में निर्णय कौन करता है?
(a) अध्यक्ष
(b) अध्यक्ष या सभापति
(c) राष्ट्रपति
(d) उपरोक्त में से कोई नहीं

288. संसद के दोनों सदनों का सत्रावसान कौन करता है?
(a) संसदीय मामलों के मंत्री
(b) राष्ट्रपति
(c) उपराष्ट्रपति
(d) लोकसभाध्यक्ष

289. संसदीय प्रणाली वाली सरकार को अन्य किस नाम से जाना जाता है?
(a) अनुक्रियाशील सरकार
(b) उत्तरदायी सरकार
(c) संघीय सरकार
(d) राष्ट्रपतीय सरकार

290. सांसदों के वेतन का निर्णय कौन करता है?
(a) संसद
(b) केन्द्रीय मंत्रिपरिषद्
(c) राष्ट्रपति
(d) लोकसभाध्यक्ष

291. संसद की कार्यवाही सूची में प्रथम विषय होता है—
(a) शून्यकाल
(b) प्रश्नकाल
(c) ध्यानाकर्षण प्रस्ताव
(d) स्थगन प्रस्ताव

292. निम्न विधेयकों में से किसका संसद के दोनों सदनों द्वारा अलग-अलग विशेष बहुमत से पारित होना आवश्यक है?
(a) साधारण विधेयक
(b) धन विधेयक
(c) वित्त विधेयक
(d) संविधान संशोधन विधेयक

293. भारत में कार्यपालिका का अध्यक्ष कौन होता है?
(a) राष्ट्रपति
(b) प्रधानमंत्री
(c) विपक्ष का नेता
(d) भारत सरकार का मुख्य सचिव

294. राष्ट्रपति पद्धति में समस्त कार्यपालिका की शक्तियाँ किसमें निहित होती है?
(a) राष्ट्रपति (b) कैबिनेट
(c) व्यवस्थापिका (d) उच्च सदन

295. भारत में तीनों सेनाओं का सर्वोच्च कमाण्डर कौन होता है?
(a) राष्ट्रपति (b) उपराष्ट्रपति
(c) थल सेनाध्यक्ष (d) फील्ड मार्शल

296. भारतीय संविधान के अनुसार संघ की कार्यपालिका शक्तियाँ किसमें निहित होती हैं?
(a) प्रधानमंत्री (b) राष्ट्रपति
(c) संसद (d) मंत्रिपरिषद्

297. भारत का राष्ट्रपति निर्वाचित होने के पात्र बनने के लिए किसी व्यक्ति की आयु पूर्ण होनी चाहिए—

(a) 21 वर्ष (b) 25 वर्ष
(c) 30 वर्ष (d) 35 वर्ष

298. राष्ट्रपति पद के उम्मीदवार के लिए अधिकतम आयु कितनी होनी चाहिए?
(a) 65 वर्ष
(b) 70 वर्ष
(c) 75 वर्ष
(d) कोई आयु सीमा नहीं

299. एक व्यक्ति राष्ट्रपति पद के लिए अधिकतम कितनी बार निर्वाचित हो सकता है?
(a) दो बार
(b) तीन बार
(c) चार बार
(d) कोई सीमा नहीं

300. राष्ट्रपति का निर्वाचन किस प्रकार से होता है?
(a) प्रत्यक्ष रूप से
(b) अप्रत्यक्ष रूप से
(c) मनोनयन द्वारा
(d) कोई प्रावधान नहीं

301. भारत में राष्ट्रपति पद के निर्वाचन हेतु कौन-सी पद्धति अपनायी जाती है?
(a) सूची पद्धति
(b) संचयी मत पद्धति
(c) सापेक्ष बहुमत विधि
(d) समानुपातिक प्रतिनिधत्व एवं एकल संक्रमणीय मत पद्धति

302. राष्ट्रपति पद के चुनाव सम्बन्धी विवाद को किसे निर्देशित किया जाता है?
(a) संसदीय समिति
(b) लोकसभा अध्यक्ष
(c) निर्वाचन आयोग
(d) उच्चतम न्यायालय

303. राष्ट्रपति के चुनाव के लिए प्रस्तावक एवं अनुमोदकों की कम से कम कितनी संख्या होनी चाहिए?
(a) 10-10 (b) 20-20
(c) 50-50 (d) 100-100

304. भारत में किसके चुनाव में आनुपातिक प्रतिधित्व चुनाव प्रणाली अपनायी जाती है?
(a) राज्यसभा सदस्य
(b) विधान परिषद् सदस्य
(c) उपराष्ट्रपति
(d) राष्ट्रपति

305. राष्ट्रपति तथा उपराष्ट्रपति के निर्वाचन से सम्बन्धित विवाद का निपटाना–
(a) अनुच्छेद 55 (b) अनुच्छेद 68
(c) अनुच्छेद 69 (d) अनुच्छेद 71

306. भारत में राष्ट्रपति कितने वर्षों के लिए चुने जाते हैं?
(a) 6 वर्ष (b) 5 वर्ष
(c) 4 वर्ष (d) 5 वर्ष

307. किस अनुच्छेद के तहत राष्ट्रपति अपने पदग्रहण करने की तिथि से 5 वर्ष की अवधि तक अपने पद पर बना रहता है?
(a) अनुच्छेद 54 (b) अनुच्छेद 56
(c) अनुच्छेद 57 (d) अनुच्छेद 58

308. भारत के राष्ट्रपति को उसके पद से हटाया जा सकता है–
(a) भारत के प्रधानमंत्री द्वारा
(b) लोकसभा के द्वारा
(c) भारत के मुख्य न्यायाधीश द्वारा
(d) संसद द्वारा

309. राष्ट्रपति पर महाभियोग का आरोप संसद के किस सदन द्वारा लगाया जाता है?
(a) लोकसभा
(b) राज्यसभा
(c) संसद के किसी भी सदन द्वारा
(d) उपर्युक्त किसी के द्वारा नहीं

310. राष्ट्रपति को हटाया जा सकता है–
(a) अविश्वास प्रस्ताव लाकर
(b) संविधान संशोधन से
(c) कानूनी कार्यवाही से
(d) महाभियोग द्वारा

311. राष्ट्रपति पर महाभियोग की प्रक्रिया किस देश के संविधान से ली गयी है?
(a) अमेरिका
(b) पूर्व सोवियत संघ
(c) जापान
(d) आयरलैण्ड

312. कार्यकाल पूर्ण होने पर पहले भारत के राष्ट्रपति को उनके पद से कौन हटा सकता है?
(a) प्रधानमंत्री
(b) उपराष्ट्रपति
(c) उच्चतम न्यायालय के मुख्य न्यायाधीश
(d) संसद द्वारा महाभियोग लगाकर

313. राष्ट्रपति को पद और गोपनीयता की शपथ कौन दिलाता है?
(a) भारत का मुख्य न्यायाधीश
(b) प्रधानमंत्री
(c) अटार्नी जनरल
(d) महाधिवक्ता

314. राष्ट्रपति अपना त्यागपत्र किसे सौंपता है?
(a) उपराष्ट्रपति
(b) मुख्य न्यायाधीश
(c) प्रधानमंत्री
(d) लोकसभाध्यक्ष

315. राष्ट्रपति का रिक्त स्थान भर लिया जाना चाहिए—
(a) 30 दिनों में   (b) 6 माह में
(c) 9 माह में   (d) 1 वर्ष में

316. भारत के राष्ट्रपति निर्वाचित होने से पूर्व निम्न में से कौन उपराष्ट्रपति नहीं थे?
(a) डॉ० एस० राधाकृष्णन
(b) डॉ० जाकिर हुसैन
(c) वी०वी०गिरि
(d) ज्ञानी जैल सिंह

317. सर्वसम्मति से चुने गये राष्ट्रपति हैं—
(a) वी०वी० गिरि
(b) नीलम संजीव रेड्डी
(c) ज्ञानी जैल सिंह
(d) डॉ० जाकिर हुसैन

318. स्वतंत्र भारत के प्रथम राष्ट्रपति थे—
(a) उत्तर प्रदेश से (b) आन्ध्र प्रदेश से
(c) बिहार से   (d) तमिलनाडु से

319. निम्नलिखित में से कौन लगातार दो बार राष्ट्रपति रहे थे?
(a) डॉ० राजेन्द्र प्रसाद
(b) डॉ० एस० राधाकृष्णन
(c) डॉ० जाकिर हुसैन
(d) a और b दोनों

320. भारत के किस राष्ट्रपति की मृत्यु कार्यकाल पूरा करने से पूर्व ही हो गयी थी?
(a) डॉ० राजेन्द्र प्रसाद
(b) डॉ०एस० राधाकृष्णन
(c) डॉ० जाकिर हुसैन
(d) वी०वी०गिरि

322. निम्नलिखित में से भारत का राष्ट्रपति किसकी नियुक्ति नहीं करता है?
(a) उपराष्ट्रपति
(b) प्रधानमंत्री

(c) राज्यपाल
(d) मुख्य निर्वाचन आयुक्त

323. निम्नलिखित में से किसकी नियुक्ति भारत का राष्ट्रपति करता है?
(a) भारत का महान्यायवादी
(b) नियंत्रक एवं महालेखा परीक्षक
(c) राज्यपाल
(d) उपरोक्त सभी

324. निम्नलिखित में से किसकी नियुक्ति भारत के राष्ट्रपति द्वारा नहीं होती है?
(a) लोकसभाध्यक्ष
(b) भारत के मुख्य न्यायाधीश
(c) सेना प्रमुख
(d) इनमें से कोई नहीं

325. वित्त बिल के लिए किसकी पूर्व स्वीकृति आवश्यक है?
(a) प्रधानमंत्री
(b) वित्तमंत्री
(c) राष्ट्रपति
(d) किसी का भी नहीं

326. राष्ट्रपति को यह अधिकार प्राप्त नहीं है कि वह—
(a) क्षमा प्रदान करे
(b) न्यायालय के न्यायाधीश को हटाये
(c) आपातकाल की घोषणा करे
(d) अध्यादेश जारी करे

327. किसी विधि के प्रश्न पर सर्वोच्च न्यायालय से परामर्श लेने का अधिकार किसको है?
(a) प्रधानमंत्री को
(b) राष्ट्रपति को
(c) किसी भी उच्च न्यायालय को
(d) उपरोक्त सभी को

328. विदेशों को भेजे जाने वाले विभिन्न संसदीय प्रतिनिधिमंडल के लिए व्यक्तियों का नामांकन कौन करता है?
(a) लोकसभाध्यक्ष
(b) प्रधानमंत्री
(c) राष्ट्रपति
(d) राज्यसभा के सभापति

329. निम्नलिखित में से किसने उच्चतम न्यायालय के मुख्य न्यायाधीश तथा कार्यवाहक राष्ट्रपति दोनों ही पदों को सुशोभित किया?
(a) एम० हिदायतुल्ला
(b) के०एस० हेगड़े

(c) सुब्बा राव
(d) पी०एन० भगवती

330. विदेशी देशों के सभी राजदूतों का, कमिश्नरों के प्रत्यय पत्र किसके द्वारा प्राप्त किये जाते हैं?
(a) प्रधानमंत्री (b) विदेशमंत्री
(c) राष्ट्रपति (d) उपराष्ट्रपति

331. भारत के राष्ट्रपति ने जिस एकमात्र मामले में वीटो शक्ति का प्रयोग किया था, वह था–
(a) हिन्दू कोड बिल
(b) पेरसू विनियोग विधेयक
(c) भारतीय डाकघर संशोधन अधिनियम
(d) दहेज प्रतिषेधक विधेयक

332. राष्ट्रपति को लोकसभा में किन दो सदस्यों को मनोनीत करने का अधिकार है?
(a) अल्पसंख्यक
(b) एंग्लो-इण्डियन
(c) विशिष्ट क्षेत्र के व्यक्ति
(d) राष्ट्रपति की इच्छा पर निर्भर है

333. निम्नलिखित में से कौन-सा राष्ट्रपति के निर्वाचन का भाग है, परन्तु उसके महाभियोग अधिकरण का भाग नहीं है?
(a) लोकसभा
(b) राज्यसभा
(c) राज्यों की विधानसभाएँ
(d) राज्यों की विधान परिषदें

334. राष्ट्रपति और उपराष्ट्रपति की अनुपस्थिति में कौन कार्यभार ग्रहण करेगा?
(a) सर्वोच्च न्यायालय का मुख्य न्यायाधीश
(b) लोकसभा का अध्यक्ष
(c) मंत्रीपरिषद्
(d) प्रधानमंत्री का कैबिनेट

335. राष्ट्रपति के चुनाव में विवाद होने पर किसकी सलाह ली जाती है?
(a) उपराष्ट्रपति
(b) चुनाव आयोग
(c) सर्वोच्च न्यायालय
(d) लोकसभाध्यक्ष

336. भारत में राष्ट्रपति चुना जाता है–
(a) जनता द्वारा
(b) संसद सदस्यों द्वारा
(c) राज्यसभा सदस्यों द्वारा
(d) निर्वाचित सांसदों व विधानसभा सदस्यों द्वारा

337. राज्यसभा की बैठकों का सभापतित्व कौन करता है?
(a) राष्ट्रपति (b) उपराष्ट्रपति
(c) प्रधानमंत्री (d) स्पीकर

338. उपराष्ट्रपति के निर्वाचन में निर्वाचक मंडल के सदस्य कौन-कौन होते हैं?
(a) लोकसभा का निर्वाचित सदस्य
(b) संसद के सभी निर्वाचित सदस्य
(c) संसद के सभी सदस्य
(d) संसद और राज्य विधानमंडल के सभी सदस्य

339. भारत के उपराष्ट्रपति का निर्वाचन होता है–
(a) संसद के दोनों सदनों द्वारा
(b) संसद के दोनों सदनों तथा विधान सभाओं द्वारा
(c) भारत के राष्ट्रपति द्वारा
(d) लोकसभा सदस्यों द्वारा

340. उपराष्ट्रपति का कार्यकाल कितने वर्ष होता है?
(a) 4 वर्ष (b) 5 वर्ष
(c) 6 वर्ष (d) 1/2 वर्ष

341. उपराष्ट्रपति को पद की गोपनीयता की शपथ कौन दिलाता है?
(a) राष्ट्रपति (b) प्रधानमंत्री
(c) लोकसभाध्यक्ष (d) मुख्यन्यायाधीश

342. उपराष्ट्रपति अपने मत का प्रयोग कब करता है?
(a) प्रत्येक परिस्थिति में
(b) मतों के बराबर रहने की स्थिति में
(c) उसकी इच्छा पर निर्भर है
(d) कभी भी नहीं करता

343. कौन राष्ट्रपति के चुनाव में तो मतदान नहीं करते हैं परन्तु उपराष्ट्रपति के चुनाव में मतदान करते हैं?
(a) संसद के मनोनीत सदस्य
(b) राज्य विधान परिषद् के सदस्य
(c) राज्ससभा के सदस्य
(d) उपरोक्त सभी

344. संसद का स्थायी एवं उच्च सदन है–
(a) राज्यसभा
(b) लोकसभा
(c) उपर्युक्त दोनों
(d) इनमें से कोई नहीं

345. वर्तमान में राज्यसभा के सदस्यों का अधिकतम संख्या कितनी हो सकती है?
(a) 238 (b) 245
(c) 250 (d) 262

346. राष्ट्रपति द्वारा राज्यसभा में कितने व्यक्ति मनोनीत किये जाते हैं?
(a) 10 (b) 15
(c) 12 (d) 20

347. राज्यसभा में राज्यों का प्रतिनिधित्व किस बात पर निर्भर करता है?
(a) राज्य कस क्षेत्रफल
(b) राज्य की जनसंख्या
(c) उपर्युक्त दोनों
(d) दोनों में से कोई नहीं

348. राज्यसभा के सदस्यों के लिए न्यूनतम आयु क्या है?
(a) 21 वर्ष (b) 25 वर्ष
(c) 30 वर्ष (d) 35 वर्ष

349. राज्यसभा के सदस्यों का कार्यकाल कितने वर्ष का होता है?
(a) 3 वर्ष (b) 4 वर्ष
(c) 5 वर्ष (d) 6 वर्ष

350. राज्यसभा के सदस्य चुने जाते हैं–
(a) चार वर्ष के लिए
(b) पाँच वर्ष के लिए
(c) छः वर्ष के लिए
(d) आजीवन

351. लोकसभा और राज्यसभा में गणपूर्ति संख्या है–
(a) कुल सदस्य संख्या का 1/5
(b) कुल सदस्य संख्या का 1/6
(c) कुल सदस्य संख्या का 1/10
(d) कुल सदस्य संख्या का 1/8

352. राज्यसभा को भंग करने का अधिकार किसे प्राप्त है?
(a) राष्ट्रपति को
(b) उपराष्ट्रपति को
(c) उच्चतम न्यायालय को
(d) इनमें से कोई नहीं

353. राज्यसभा का सभापति कौन होता है?
(a) राष्ट्रपति (b) उपराष्ट्रपति
(c) प्रधानमंत्री (d) लोकसभाध्यक्ष

354. वह कौन-सी सभा है जिसका अध्यक्ष उस सदन का सदस्य नहीं होता है?
(a) लोकसभा (b) राज्यसभा
(c) विधानसभा (d) विधान परिषद्

355. राज्यसभा का सभापति –
(a) राज्यसभा सदस्यों द्वारा चुना जाता है
(b) लोकसभा एवं राज्यसभा के सदस्यों द्वारा संयुक्त रूप से चुना जाता है
(c) राष्ट्रपति द्वारा नियुक्त होता है
(d) इनमें से कोई नहीं

356. निम्नलिखित में से किस निकाय की अध्यक्षता गैर-सदस्य करता है?
(a) लोकसभा (b) राज्यसभा
(c) विधानसभा (d) विधान परिषद्

357. लोकसभा द्वारा पारित धन विधेयक राज्यसभा को प्राप्त होने के कितने दिनों के भीतर लोकसभा को वापस लौटाना पड़ता है?
(a) 7 दिन (b) 14 दिन
(c) 21 दिन (d) 30 दिन

358. राज्यसभा को भंग करने में कौन सक्षम है?
(a) राज्यसभा अध्यक्ष
(b) राष्ट्रपति
(c) संसद का संयुक्त सत्र
(d) उपर्युक्त में से कोई नहीं

359. सर्वप्रथम किस फिल्म अभिनेता को राज्यसभा का सदस्य मनोनीत किया गया था?
(a) दिलीप कुमार (b) सुनील दत्त
(c) गुरुदत्त (d) पृथ्वीराज कपूर

360. राज्यसभा के पहले समूह की सेवानिवृत्ति कब हुई?
(a) 27 मार्च 1959
(b) 14 अक्टूबर 1954
(c) 2 अप्रैल 1954
(d) 9 जून 1955

361. लोकसभा की अधिकतम सदस्य संख्या कितनी हो सकती है?
(a) 543 (b) 545
(c) 547 (d) 552

362. राष्ट्रपति लोकसभा के दो सदस्यों को निम्न समुदायों का प्रतिनिधित्व देने के लिए नामित कर सकता है–
(a) एंग्लो-इण्डियन
(b) ईसाई
(c) बौद्ध धर्मावलम्बी
(d) पारसी

363. लोकसभा का चुनाव लड़ने के लिए इच्छुक व्यक्ति की न्यूनतम आयु होनी चाहिए–
(a) 21 वर्ष   (b) 25 वर्ष
(c) 30 वर्ष   (d) 35 वर्ष

364. कौन-सा राज्य सबसे अधिक प्रतिनिधि लोकसभा में भेजता है?
(a) बिहार   (b) मध्य प्रदेश
(c) पश्चिम बंगाल (d) उत्तर प्रदेश

365. कौन-सा संवैधानिक संशोधन राज्यों से चुने जाने वाली लोकसभा के सदस्यों की संख्या बढ़ाने से सम्बन्धित है?
(a) 6ठा तथा बाइसवाँ
(b) तेरहवाँ तथा अड़तीसवाँ
(c) सातवाँ तथा इक्तीसवाँ
(d) ग्यारहवाँ तथा बयालीसवाँ

366. लोकसभा में राज्यवार सीटों का आवंटन 1971 की जनगणना पर आधारित है। यह निर्धारण किस वर्ष तक यथावत रहेगा?
(a) 2031 ई० में (b) 2026 ई० में
(c) 2021 ई० में (d) 2011 ई० में

367. लोकसभा के कम-से-कम कितने सत्र बुलाये जाते हैं?
(a) वर्ष में एक बार
(b) वर्ष में दो बार
(c) वर्ष में तीन बार
(d) वर्ष में चार बार

367. राष्ट्रपति लोकसभा को कार्यकाल पूरा करने के पूर्व भंग कर सकता है–
(a) प्रधानमंत्री की सलाह पर
(b) उपराष्ट्रपति की सलाह पर
(c) लोकसभा अध्यक्ष की सलाह पर
(d) सर्वोच्च न्यायालय के न्यायाधीश की सलाह पर

368. लोकसभा की बैठक किस प्रकार समाप्त की जाती है?
(a) विघटन द्वारा
(b) सत्रावसान द्वारा
(c) स्थगन द्वारा
(d) इनमें से कोई नहीं

369. लोकसभा का नेता कौन होता है?
(a) राष्ट्रपति
(b) प्रधानमंत्री
(c) लोकसभाध्यक्ष
(d) इनमें से कोई नहीं

370. लोकसभा चुनाव में कोई प्रत्याशी अपनी जमानत खो देता है, यदि उसे प्राप्त न हो सके?
(a) वैध मतों का 1/3
(b) वैध मतों को 4/4
(c) वैध मतों का 1/5
(d) इनमें से कोई नहीं

371. कोई वित्तीय बिल प्रस्तावित हो सकता है–
(a) केवल राज्यसभा में
(b) केवल लोकसभा में
(c) एक साथ दोनों सदनों में
(d) दोनों सदनों के संयुक्त सत्र में

372. किसी विशेष दिन लोकसभा में अधिकतम कितने तारांकित प्रश्न पूछे जा सकते हैं?
(a) 15   (b) 20
(c) 25   (d) कोई सीमा नहीं

373. 'अविश्वास प्रस्ताव' किस सदन में लाया जाता है?
(a) लोकसभा
(b) राज्यसभा
(c) किसी भी सदन में
(d) इनमें से कोई नहीं

374. प्रथम लोकसभा की पहली बैठक कब हुई?
(a) 7 मार्च 1952
(b) 13 मई 1952
(c) 22 अक्टूबर 1952
(d) 16 अगस्त 1952

375. भारत के प्रधानमंत्री–
(a) नियुक्त होते हैं
(b) निर्वाचित होते हैं
(c) मनोनीत होते हैं
(d) चयनित होते हैं

376. प्रधानमंत्री की नियुक्ति कौन करता है?
(a) राष्ट्रपति
(b) लोकसभाध्यक्ष
(c) राज्यसभा का सभापति
(d) उपराष्ट्रपति

377. किस प्रधानमंत्री ने एक बार पद से हटने के पश्चात् दोबारा पद संभाला था?
(a) जवाहरलाल नेहरू
(b) लालबहादुर शास्त्री
(c) इन्दिरा गांधी
(d) मोरारजी देसाई

378. प्रधानमंत्री पद से त्यागपत्र देने वाले प्रथम व्यक्ति हैं–
(a) जवाहरलाल नेहरू
(b) इन्दिरा गांधी
(c) मोरारजी देसाई
(d) चौधरी चरण सिंह

379. ऐसे प्रथम प्रधानमंत्री जिनके विरुद्ध लोकसभा में अविश्वास प्रस्ताव गया–
(a) जवाहरलाल नेहरू
(b) लाल बहादुर शास्त्री
(c) इन्दिरा गांधी
(d) मोरारजी देसाई

380. लोकसभा में 'विश्वास मत' प्राप्त करने में असफल रहने के कारण त्यागपत्र देने वाले प्रधानमंत्री हैं–
(a) वी०पी० सिंह
(b) एच०डी० देवगौड़ा
(c) उपर्युक्त दोनों
(d) इनमें से कोई नहीं

381. प्रथम गैर-कांग्रेसी प्रधानमंत्री बने–
(a) चन्द्रशेखर
(b) चौधरी चरण सिंह
(c) आई०के० गुजराल
(d) मोरारजी देसाई

382. मंत्रीपरिषद् में कितने स्तर के मंत्री होते हैं?
(a) 1 (b) 2
(c) 3 (d) 4

383. वास्तव में कार्यपालिका की समस्त सत्ता निम्नलिखित में से किसमें निहित होती है?
(a) मंत्रिपरिषद् (b) मंत्रिमण्डल
(c) प्रधानमंत्री (d) इनमें से सभी

384. मंत्रीपरिषद् व्यक्तिगत रूप से उत्तरदायी होता है–
(a) राष्ट्रपति के प्रति
(b) प्रधानमंत्री के प्रति
(c) लोकसभाध्यक्ष के प्रति
(d) संसद के प्रति

385. भारत में किसी भी सदन का सदस्य हुए बिना कोई व्यक्ति कब तक मंत्री पद पर आसीन रह सकता है?
(a) 3 माह
(b) 6 माह
(c) 1 वर्ष
(d) जो राष्ट्रपति निर्धारित करे

386. भारतीय संविधान के निम्नलिखित प्रावधानों में से कौन-सा प्रावधान मंत्रिपरिषद् की नियुक्ति तथा पदच्युति को विवेचित करता है?
(a) अनुच्छेद 70
(b) अनुच्छेद 72
(c) अनुच्छेद 74
(d) अनुच्छेद 75

387. भारतीय संविधान के अनुच्छेद 74 और 75 किन विषयों पर विचार करते हैं?
(a) मंत्रीपरिषद्
(b) लोकसभा के सदस्य
(c) भारत के राष्ट्रपति
(d) मंत्रीमण्डल के सदस्य

388. संघीय मंत्रीपरिषद् अपने आचरण के लिए किसके प्रति उत्तरदायी होता है?
(a) राष्ट्रपति
(b) लोकसभा
(c) राज्यसभा
(d) संसद

389. मंत्रीमण्डल का गठन कौन करता है?
(a) मंत्रीपरिषद्
(b) सिर्फ केन्द्रीय मंत्रीगण
(c) केन्द्रीय तथा राज्य मंत्रीगण
(d) सभी मंत्री

390. संसदीय तंत्र में निम्नलिखित में से वास्तविक कार्यपालिका कौन है?
(a) राज्य का मुखिया
(b) मंत्रीपरिषद्
(c) विधान परिषद्
(d) न्यायपालिका

391. भारतीय गणराज्य में वास्तविक कार्यकारी प्राधिकार निम्नलिखित में से किसके पास होता है?
(a) प्रधानमंत्री (b) राष्ट्रपति
(c) नौकरशाही (d) मंत्रीपरिषद्

392. स्वतंत्र भारत के प्रथम प्रतिरक्षा मंत्री कौन थे?
(a) डॉ०जॉन मथाई
(b) सरदार बलदेव सिंह
(c) के० संथानम
(d) के०एम० मुंशी

393. संघीय मंत्रीपरिषद् से पदत्याग करने वाला पहला मंत्री कौन था?

(a) सरदार वल्लभ भाई पटेल
(b) आचार्य जे०बी० कृपलानी
(c) गोपालस्वामी आयंगर
(d) श्यामा प्रसाद मुखर्जी

394. भारतीय संविधान में निम्नलिखित में से किस पद का उल्लेख नहीं है?
(a) प्रधानमंत्री
(b) राष्ट्रपति
(c) उपराष्ट्रपति
(d) उप-प्रधानमंत्री

395. लोकसभा का विरोधी दल के पहले मान्यता प्राप्त नेता थे—
(a) श्यामा प्रसाद मुखर्जी
(b) इन्दिरा गांधी
(c) राम सुभग सिंह
(d) व्हाई० वी० चौहान

396. लोकसभा अध्यक्ष का चुनाव कौन करता है?
(a) लोकसभा के सदस्य
(b) लोकसभा के निर्वाचित सदस्य
(c) संसद के सदस्य
(d) उपरोक्त कोई नहीं

397. निर्णायक मत देने का अधिकार है—
(a) राष्ट्रपति को
(b) उपराष्ट्रपति को
(c) प्रधानमंत्री को
(d) लोकसभा अध्यक्ष को

398. लोकसभा का सचिवालय सीधे नियंत्रित होता है—
(a) केन्द्रीय गृह मंत्रालय द्वारा
(b) संसदीय मामलों के मंत्रालय द्वारा
(c) प्रधानमंत्री द्वारा
(d) लोकसभा अध्यक्ष द्वारा

399. लोकसभा में किसी विधेयक को धन विधेयक के रूप में कौन प्रमाणित करता है?
(a) राष्ट्रपति
(b) वित्त मंत्री
(c) प्रधानमंत्री
(d) लोकसभा अध्यक्ष

400. निम्नलिखित में से किस समिति का पदेन अध्यक्ष लोकसभा अध्यक्ष होता है—
(a) प्राक्कलन समिति
(b) लोक लेखा समिति
(c) नियम समिति
(d) विशेषाधिकार समिति

401. कोई विधेयक वित्त विधेयक है अथवा नहीं इसका निर्णय कौन करता है?
(a) लोकसभा के स्पीकर
(b) राज्यसभा के सभापति
(c) राष्ट्रपति
(d) विधिमंत्री

402. लोकसभा का सचिवालय किसके प्रत्यक्ष पर्यवेक्षण एवं नियंत्रण में कार्य करता है?
(a) लोकसभा अध्यक्ष
(b) प्रधानमंत्री
(c) गृहमंत्री
(d) संसदीय मामलों का मंत्रालय

403. संसद के दोनों सदनों के संयुक्त अधिवेशन को कौन बुलाता है?
(a) लोकसभा अध्यक्ष
(b) राष्ट्रपति
(c) प्रधानमंत्री
(d) राज्यसभा का अध्यक्ष

404. लोकसभा के प्रथम अध्यक्ष थे?
(a) रवि राय
(b) एम० अनन्तशयनम आयंगर
(c) सरदार हुकुम सिंह
(d) जी०वी० मावलंकर

405. भारत के किस राष्ट्रपति ने पूर्व में लोकसभा अध्यक्ष का पद भी संभाला था?
(a) ज्ञानी जैल सिंह
(b) वी०वी० गिरि
(c) नीलम संजीव रेड्डी
(d) जाकिर हुसैन

406. निम्नलिखित में से कौन लोकसभा के अध्यक्ष के पद पर दो अवधियों के लिए निर्वाचित नहीं हुए?
(a) जी०एम०सी० बालयोगी
(b) एन० संजीव रेड्डी
(c) बलराम जाखड़
(d) बलिराम भगत

407. निम्नलिखित में से कौन लोकसभा का अध्यक्ष कभी नहीं रहे?
(a) के० सुन्दरम्
(b) जी०एस० ढिल्लो
(c) बलिराम भगत
(d) हुकुम सिंह

408. लोकसभा अध्यक्ष अपना इस्तीफा भेज सकता है–
(a) उपाध्यक्ष को
(b) प्रधानमंत्री को
(c) राष्ट्रपति को
(d) संसदीय कार्यमंत्री को

409. भारत के एटॉर्नी जनरल की नियुक्ति कौन करता है?
(a) सर्वोच्च न्यायालय का मुख्य न्यायाधीश
(b) भारत का प्रधानमंत्री
(c) भारत का राष्ट्रपति
(d) संघ लोक सेवा आयोग

410. भारत सरकार को कानूनी विषयों पर परामर्श कौन देता है?
(a) महान्यायवादी
(b) उच्चतम न्यायालय
(c) विधि आयोग
(d) इनमें से कोई नहीं

411. संविधान के किस अनुच्छेद के अन्तर्गत महान्यायवादी की नियुक्ति की जाती है?
(a) अनुच्छेद 52 (b) अनुच्छेद 63
(c) अनुच्छेद 76 (d) अनुच्छेद 140

412. भारत का महान्यायवादी कब तक पद धारण करता है?
(a) दो वर्ष
(b) पाँच वर्ष
(c) राष्ट्रपति के प्रसादपर्यन्त
(d) 65 वर्ष की उम्र तक

413. भारत का सालिसिटर जनरल होता है–
(a) एक प्रशासनिक अधिकारी
(b) एक न्यायिक सलाहकार
(c) प्रधानमंत्री का सलाहकार
(d) राष्ट्रपति को सलाह देने के लिए एक कानूनी अधिकारी

414. कानूनी विषयों पर विषयों पर राज्य सरकार को कौन परामर्श देता है?
(a) महान्यायवादी
(b) एडवोकेट जनरल
(c) महान्यायमिकर्ता
(d) उच्च न्यायालय के मुख्य न्यायाधीश

415. मुख्य सतर्कता आयुक्त की नियुक्ति कौन करता है?
(a) राष्ट्रपति
(b) प्रधानमंत्री
(c) गृहमंत्री
(d) राज्यपाल

416. केन्द्र सरकार के व्यय को नियंत्रित करने की शक्ति किसमें निहित है?
(a) संसद में
(b) राष्ट्रपति में
(c) नियंत्रक एवं महालेखा परीक्षक में
(d) केन्द्रीय वित्तमंत्री में

417. भारत के नियंत्रक एवं महालेखा परीक्षक की नियुक्ति किसके द्वारा की जाती है?
(a) राष्ट्रपति
(b) लोकसभाध्यक्ष
(c) अध्यक्ष नीति आयोग
(d) वित्तमंत्री

418. नियंत्रक एवं महालेखा परीक्षक की नियुक्ति की अवधि कितनी होती है?
(a) 6 वर्ष
(b) 65 वर्ष
(c) 6 वर्ष या 65 वर्ष की आयु तक जो भी पहले पूर्ण हो
(d) 64 वर्ष की आयु तक

419. भारत के नियंत्रक एंव महालेखा परीक्षक की नियुक्ति संविधान के किस अनुच्छेद के तहत की जाती है?
(a) अनुच्छेद 63 (b) अनुच्छेद 76
(c) अनुच्छेद 148 (d) अनुच्छेद 280

420. निम्नलिखित में वह कौन-सा अधिकारी है, जो भारत सरकार के वित्तीय लेन-देनों में लेखाकरण के लिए जिम्मेदार होता है?
(a) वित्त सचिव
(b) नियंत्रक एवं लेखा निरीक्षण
(c) महालेखा नियंत्रक
(d) अध्यक्ष, वित्त आयोग

421. किस सेवानिवृत नियंत्रक एवं महालेखा परीक्षक को वित्त आयोग का अध्यक्ष बनाया गया?
(a) के० संथानम (b) ए०के० चंदा
(c) महावीर त्यागी (d) जे०पी० रोटल

422. नियंत्रक एंव महालेखा परीक्षक अपना प्रतिवेदन देता है–
(a) लोकसभाध्यक्ष को
(b) प्रधानमंत्री को
(c) वित्तमंत्री को
(d) राष्ट्रपति को

423. भारत के नियंत्रक एवं महालेखा परीक्षक द्वारा प्रस्तुत प्रतिवेदन के आधार पर कौन समिति कार्य करती है?
(a) लोक लेखा समिति
(b) प्राक्कलन समिति
(c) सरकारी उपक्रम समिति
(d) विशेषाधिकार समिति

424. भारत में नई संसदीय समिति प्रणाली की शुरुआत कब हुई?
(a) 1984 ई० में
(b) 1987 ई० में
(c) 1991 ई० में
(d) 1934 ई० में

425. भारत में संसदीय समिति प्रणाली की शुरुआत निम्नलिखित में किसकी सिफारिश पर किया गया?
(a) देवधर समिति
(b) हस्कर समिति
(c) संसद की नियम समिति
(d) संसद की अधीनस्थ विधान सम्बन्धी समिति

426. संसद की कितने प्रकार की समितियाँ होती है?
(a) स्थायी समिति
(b) तदर्थ समिति
(c) उपर्युक्त दोनों
(d) उपर्युक्त में से कोई नहीं

427. प्राक्कलन समिति में कितने सदस्य होते हैं?
(a) 15   (b) 22
(c) 30   (d) 45

428. 30 सदस्यीय प्राक्कलन समिति संसद के किस सदन की समिति है?
(a) लोकसभा की
(b) राज्यसभा की
(c) लोकसभा एवं राज्यसभा की
(d) किसी भी सदन का नहीं

429. संसद की किस समिति में सदस्यों की संख्या सर्वाधिक होती है?
(a) सरकारी उपक्रम समिति
(b) याचिका समिति
(c) लोक लेखा समिति
(d) प्राक्कलन समिति

430. कौन-सी समिति में राज्यसभा का कोई सदस्य नहीं होता है?
(a) प्राक्कलन समिति
(b) लोक लेखा समिति
(c) सार्वजनिक शिकायत समिति
(d) सार्वजनिक उपक्रम समिति

431. लोक लेखा उपक्रम समिति–
(a) 15   (b) 22
(c) 30   (d) 45

432. लोकलेखा समिति में–
(a) सिर्फ लोकसभा के सदस्य
(b) सिर्फ राज्यसभा के सदस्य
(c) 15 सदस्य लोकसभा के एवं 7 सदस्य राज्यसभा के
(d) 7 सदस्य लोकसभा के एवं 15 सदस्य राज्यसभा के

433. निम्नलिखित में से किस समिति का सदस्य कोई मंत्री नहीं हो सकता है?
(a) प्राक्कलन समिति
(b) लोकलेखा समिति
(c) सरकारी उपक्रम समिति
(d) उपर्युक्त सभी

434. लोकसभाध्यक्ष किस समिति का प्रदेश अध्यक्ष होता है?
(a) प्राक्कलन समिति
(b) लोकलेखा समिति
(c) नियम समिति
(d) विशेषाधिकार समिति

435. संयुक्त संसदीय समिति में कितने सदस्य होते हैं?
(a) 15   (b) 22
(c) 30   (d) 45

436. किस संसदीय समिति को प्राक्कलन समिति की जुड़वाँ बहन कहा जाता है?
(a) सरकारी उपक्रम समिति
(b) नियम समिति
(c) याचिका समिति
(d) लोक लेखा समिति

437. लोकसभा सदस्य कितने समितियों के अध्यक्ष होते हैं?
(a) 8   (b) 10
(c) 11   (d) 13

438. संविधान के किस भाग में संघीय न्यायपालिका का उल्लेख है?
(a) भाग II   (b) भाग III
(c) भाग IV   (d) भाग V

439. किसके अन्तर्गत भारत में सर्वप्रथम सर्वोच्च न्यायालय की स्थापना हुई?
(a) रेगुलेटिंग एक्ट 1773
(b) चार्टर एक्ट 1853
(c) भारत सरकार अधिनियम 1935
(d) भारतीय संविधान 1950

440. सर्वोच्च न्यायालय के मुख्य न्यायाधीश की नियुक्ति कौन करता है?
(a) राष्ट्रपति   (b) प्रधानमंत्री
(c) मंत्रिपरिषद्   (d) संसद

441. सर्वोच्च न्यायालय के अन्य न्यायाधीशों की नियुक्ति कौन करता है?
(a) राष्ट्रपति
(b) संसद
(c) सर्वोच्च न्यायालय का न्यायाधीश
(d) सर्वोच्च न्यायाधीश के परामर्श से राष्ट्रपति

442. सर्वोच्च न्यायालय में न्यायाधीश नियुक्त होने के लिए व्यक्ति को कम से कम कितने वर्ष उच्च न्यायालय का एडवोकेट होना चाहिए?
(a) 20   (b) 10
(c) 8   (d) 25

443. उच्चतम न्यायालय में न्यायाधीशों की सेवानिवृत्ति की आयु है–
(a) 65 वर्ष   (b) 55 वर्ष
(c) 60 वर्ष   (d) 58 वर्ष

444. सर्वोच्च न्यायालय के न्यायाधीशों को उसके पद से केवल किन प्रमाणित आधारों पर हटाया जा सकता है?
(a) कदाचार
(b) असमर्थता
(c) उपर्युक्त दोनों
(d) उपर्युक्त में से कोई नहीं

445. जब राष्ट्रपति और उपराष्ट्रपति दोनों के पद खाली हो, तब उनके काम कौन करेगा?
(a) प्रधानमंत्री
(b) गृहमंत्री
(c) भारत के मुख्य न्यायाधीश
(d) लोकसभाध्यक्ष

446. सर्वोच्च न्यायालय के अधिकार क्षेत्र में वृद्धि करने का अधिकार किसे प्राप्त है?
(a) सर्वोच्च न्यायालय
(b) राष्ट्रपति

(c) संसद
(d) मंत्रिपरिषद्

447. सर्वोच्च न्यायालय में न्यायिक कार्य के लिए किस भाषा का प्रयोग किया जाता है?
(a) हिन्दी
(b) अंग्रेजी
(c) हिन्दी व अंग्रेजी दोनों
(d) अनुसूची की कोई भाषा

448. भारत में न्यायपालिका है–
(a) स्वतंत्र
(b) संसद के अधीन
(c) राष्ट्रपति के अधीन
(d) प्रधानमंत्री के अधीन

449. भारत में न्यायपालिका का स्वरूप है–
(a) विकेन्द्रीकृत   (b) एकीकृत
(c) सामूहिक   (d) व्यवहारिक

450. राष्ट्रपति कानूनी मामलों में किससे परामर्श ले सकता है?
(a) न्यायमंत्री
(b) महान्यायवादी
(c) उच्च न्यायालय
(d) सर्वोच्च न्यायालय

451. उच्चतम न्यायालय को परामर्शदात्री बनाया गया है–
(a) अनुच्छेद 124 (b) अनुच्छेद 137
(c) अनुच्छेद 143 (d) अनुच्छेद 148

452. न्यायिक पुनर्विलोकन की शक्ति है?
(a) उच्च न्यायालय
(b) उच्चतम न्यायालय
(c) राष्ट्रपति
(d) लोकसभा

453. कौन-सा अनुच्छेद सर्वोच्च न्यायालय को अभिलेख न्यायालय का स्थान प्रदान करता है?
(a) अनुच्छेद 123 (b) अनुच्छेद 124
(c) अनुच्छेद 129 (d) अनुच्छेद 143

454. संविधान की व्याख्या करने का अंतिम अधिकार किसे प्राप्त है?
(a) लोकसभाध्यक्ष
(b) राष्ट्रपति
(c) अटार्नी जनरल ऑफ इण्डिया
(d) सर्वोच्च न्यायालय

455. सर्वोच्च न्यायालय ने संविधान की आधारभूत संरचना की घोषणा किस मामले में की थी?

(a) केशवानन्द भारती केस
(b) गोलकनाथ केस
(c) मिनर्वा मिल केस
(d) गोपालन का मामला

456. जनहित याचिका दायर की जा सकती है–
(a) उच्च न्यायालय में
(b) सर्वोच्च न्यायालय में
(c) उपर्युक्त दोनों में
(d) इनमें से कोई नहीं

457. उच्चतम न्यायालय की सबसे पहली न्यायाधीश कौन थी?
(a) सुनन्दा भण्डारे
(b) लीला सेठ
(c) फातिमा बीबी
(d) इन्दिरा जय सिंह

458. सर्वोच्च न्यायालय के प्रथम मुख्य न्यायाधीश कौन थे?
(a) हीरालाल जे० कानिया
(b) के०एन० वांचू
(c) एस०एस० सिकरी
(d) व्हाई०वी० चन्द्रचूड़

459. लाभ का पद परिभाषित हुआ है–
(a) संविधान द्वारा
(b) सर्वोच्च न्यायालय द्वारा
(c) संघीय मंत्रिपरिषद् द्वारा
(d) संसद द्वारा

460. भारत में कुल कितने उच्च न्यायालय हैं?
(a) 21   (b) 24
(c) 18   (d) 22

461. पटना उच्च न्यायालय की स्थापना कब हुई?
(a) 1916 ई०   (b) 1917 ई०
(c) 1918 ई०   (d) 1921 ई०

462. बम्बई, कलकत्ता तथा मद्रास उच्च न्यायालय की स्थापना कब हुई थी?
(a) 1862 ई०   (b) 1866 ई०
(c) 1884 ई०   (d) 1921 ई०

463. अंडमान एवं निकोबार द्वीप समूह किस उच्च न्यायालय के क्षेत्राधिकार में आते हैं?
(a) आंध्र प्रदेश उच्च न्यायालय
(b) कलकत्ता उच्च न्यायालय
(c) मद्रास उच्च न्यायालय
(d) इनमें से कोई नहीं

464. केरल का उच्च न्यायालय कहाँ स्थित है?
(a) कोट्टायम   (b) कोच्चि
(c) एर्नाकुलम   (d) त्रिवेन्द्रम

465. दो या अधिक राज्यों या संघीय प्रदेश के लिए एक सामान्य उच्च न्यायालय की स्थापना की जा सकती है–
(a) राष्ट्रपति द्वारा
(b) संसद द्वारा कानून बनाकर
(c) राज्य के राज्यपाल द्वारा
(d) भारत के मुख्य न्यायाधीश द्वारा

466. उच्च न्यायालय के मुख्य न्यायाधीश की नियुक्ति कौन करता है?
(a) राष्ट्रपति
(b) सर्वोच्च न्यायालय का मुख्य न्यायाधीश
(c) राज्य का राज्यपाल
(d) राज्य का मुख्यमंत्री

467. उच्च न्यायालय का न्यायाधीश अपना त्यागपत्र किसे देता है?
(a) राष्ट्रपति
(b) उच्च के मुख्य न्यायाधीश
(c) भारत का मुख्य न्यायाधीश
(d) अपने राज्य के राज्यपाल

468. उच्च न्यायालय के मुख्य न्यायाधीश पद पर नियुक्त होने वाली प्रथम महिला कौन हैं?
(a) अन्ना चण्डी   (b) लीला सेठ
(c) फातिमा बीबी   (d) के० सोराबजी

469. उच्च न्यायालय की 'परमादेश' जारी करने की शक्ति के अन्तर्गत आते हैं–
(a) संवैधानिक अधिकार
(b) सांविधिक अधिकार
(c) मौलिक अधिकार
(d) उपर्युक्त सभी

470. उच्च न्यायालय को किसका अधीक्षण करने का अधिकार है?
(a) विधि विभाग
(b) अधीनस्थ न्यायालय
(c) सर्वोच्च न्यायालय
(d) लोक सेवा आयोग

471. राज्यपाल की नियुक्ति कौन करता है?
(a) संघीय मंत्रीगण (b) उपराष्ट्रपति
(c) प्रधानमंत्री   (d) राष्ट्रपति

472. निम्न में से किसको हटाने का प्रावधान संविधान में नहीं है?
(a) उपराष्ट्रपति   (b) राष्ट्रपति
(c) गर्वनर   (d) एटॉर्नी जनरल

473. राज्यपाल का कार्यकाल कितने वर्ष होता है?
(a) 3 वर्ष (b) 4 वर्ष
(c) 5 वर्ष (d) 6 वर्ष

474. उपराज्यपाल की नियुक्ति कौन करता है?
(a) राष्ट्रपति (b) प्रधानमंत्री
(c) उपराष्ट्रपति (d) राज्यपाल

475. राज्यपाल के पद पर नियुक्ति की न्यूनतम उम्र सीमा है–
(a) 25 वर्ष
(b) 30 वर्ष
(c) 35 वर्ष
(d) इनमें से कोई नहीं

476. राज्य मंत्रीपरिषद् का गठन कौन करता है?
(a) राज्यपाल (b) मुख्यमंत्री
(c) प्रधानमंत्री (d) राष्ट्रपति

477. राज्यों के गवर्नर संविधान के अन्तर्गत किसके प्रति अपने आचरण के लिए उत्तरदायी होते हैं?
(a) राज्य के मुख्यमंत्री
(b) संघ के प्रधानमंत्री
(c) राज्य विधानसभा
(d) राष्ट्रपति

478. राज्यपाल विधानसभा में आंग्ल-भारतीय समुदाय के कितने व्यक्तियों को मनोनीत कर सकता है?
(a) 1 (b) 2
(c) 3 (d) 5

479. राज्यपाल विधान परिषद् में कितने सदस्यों को मनोनीत करता है?
(a) 5
(b) 10
(c) 15
(d) कोई निश्चित नहीं

480. "राज्यपाल सोने के पिंजरे में निवास करने वाली चिड़िया के समतुल्य है" यह किसका कथन है?
(a) श्री प्रकाश (b) सरोजनी नायडू
(c) धर्मवीर (d) जी०डी० तपासे

481. राज्यपाल विधान परिषद् के कितने सदस्यों को मनोनीत कर सकता है?
(a) 1/3 (b) 1/2
(c) 1/6 (d) 1/12

482. किसी राज्य की राज्यपाल बनने वाली प्रथम महिला थी–
(a) राजकुमारी अमृत कौर
(b) पद्मजा नायडू
(c) सरोजनी नायडू
(d) सरला ग्रेवाल

483. किसकी अनुमति के बिना राज्य की विधानसभा में कोई धन विधेयक पेश नहीं किया जा सकता?
(a) राज्यपाल (b) संसद
(c) मुख्यमंत्री (d) विधानसभाध्यक्ष

484. राज्य स्तर पर मंत्रीपरिषद् के मंत्रियों की नियुक्ति कौन करता है?
(a) दल का अध्यक्ष
(b) मुख्यमंत्री
(c) राज्यपाल
(d) प्रधानमंत्री

485. गवर्नर द्वारा जारी किया गया अध्यादेश किसके द्वारा मंजूर किया जाता है?
(a) राष्ट्रपति
(b) विधान परिषद् के मंत्रियों द्वारा
(c) विधानमण्डल
(d) उपर्युक्त सभी

486. जम्मू-कश्मीर का 'सदर-ए-रियासत' पदनाम कब बदलकर राज्यपाल कर दिया गया?
(a) 1948 ई० में (b) 1950 ई० में
(c) 1952 ई० में (d) 1965 ई० में

487. राज्यपाल द्वारा जारी अध्यादेश कितने समय के बाद स्वतः समाप्त हो जाता है?
(a) 6 सप्ताह (b) 7 सप्ताह
(c) 8 सप्ताह (d) 9 सप्ताह

488. मुख्यमंत्री की नियुक्ति संविधान के किस अनुच्छेद के तहत की जाती है?
(a) अनुच्छेद 153 (b) अनुच्छेद 161
(c) अनुच्छेद 163 (d) अनुच्छेद 165

489. राष्ट्रपति विकास परिषद् की बैठक में राज्य का प्रतिनिधित्व कौन करता है?
(a) राज्यपाल
(b) मुख्यमंत्री
(c) विधान सभाध्यक्ष
(d) कैबिनेट सचिव

490. राज्य विधानमण्डल का ऊपरी सदन कौन-सा है?
(a) विधान परिषद् (b) विधान सभा
(c) राज्यसभा (d) लोकसभा

491. भारत के कितने राज्यों में द्वि-सदनात्मक विधानमण्डल है?

(a) 5 (b) 6

(c) 7 (d) 12

492. सुमेल करें–

सूची-I (राज्य)	**सूची-II (विधान परिषद् की सदस्य संख्या)**
A. जम्मू-कश्मीर	1. 36
B. बिहार	2. 75
C. कर्नाटक	3. 75
D. महाराष्ट्र	4. 78
E. उत्तर प्रदेश	5. 99

कूट:	**A**	**B**	**C**	**D**	**E**
(a)	1	2	3	4	5
(b)	2	1	3	4	5
(c)	1	2	4	3	5
(d)	5	4	2	1	3

493. 1957 में विधान परिषद् का सृजन और 1985 में उत्सादन किया गया–

(a) आन्ध्र प्रदेश (b) तमिलनाडु

(c) पंजाब (d) पश्चिम बंगाल

494. राज्य के विधान परिषद् के कितने सदस्य विधानसभा द्वारा चुन जाते हैं?

(a) 1/6 (b) 1/3

(c) 1/12 (d) 5/6

495. विधान परिषद् में राज्यपाल द्वारा मनोनीत सदस्य होते हैं?

(a) 1/3 (b) 1/4

(c) 1/6 (d) 1/12

496. विधान परिषद् में राज्यपाल द्वारा मनोनीत सदस्य होते हैं–

(a) 1/4 (b) 1/3

(c) 1/6 (d) 1/12

497. विधान परिषद् में स्नातकों द्वारा चुने जाते हैं–

(a) 1/4 (b) 1/3

(c) 1/6 (d) 1/12

498. विधान परिषदों में कुल सदस्यों का कितना भाग माध्यमिक स्कूलों, कॉलेजों और विश्वविद्यालय के शिक्षकों द्वारा निर्वाचति होते हैं?

(a) 1/3 (b) 1/4

(c) 1/6 (d) 1/12

499. विधान परिषद् का सभापति किसे त्यागपत्र देगा?

(a) मुख्यमंत्री को

(b) राज्यपाल को

(c) उपसभापति को

(d) उच्च न्यायालय के मुख्य न्यायाधीश को

500. राज्य विधान सभा के निर्वाचन का प्रावधान करती है?

(a) अनुच्छेद 170

(b) अनुच्छेद 176

(c) अनुच्देद 178

(d) इनमें से कोई नहीं

501. किसी राज्य की विधानसभा में अधिकतम कितने सदस्य हो सकते हैं?

(a) 400 (b) 450

(c) 500 (d) 550

502. निम्नलिखित में से कहाँ विधानसभा अस्तित्व में नहीं है?

(a) पाण्डिचेरी (b) गोवा

(c) दिल्ली (d) लक्षद्वीप

503. किस राज्य में विधानसभा सदस्यों की संख्या सबसे अधिक है?

(a) उत्तर प्रदेश (b) मध्य प्रदेश

(c) बिहार (d) राजस्थान

504. विधानसभा का कार्यकाल कितने वर्षों का होता है?

(a) 3 वर्ष (b) 4 वर्ष

(c) 5 वर्ष (d) 6 वर्ष

505. जम्मू-कश्मीर राज्य की विधानसभा का कार्यकाल है–

(a) 4 वर्ष (b) 5 वर्ष

(c) 6 वर्ष (d) 7 वर्ष

506. विधानसभा अध्यक्ष अपना त्यागपत्र किसको देता है?

(a) राज्यपाल

(b) राष्ट्रपति

(c) मुख्यमंत्री

(d) विधानसभा उपाध्यक्ष

507. राज्य मंत्रीपरिषद् सामूहिक रूप से किसके प्रति उत्तरदायी होती है?

(a) विधानसभा (b) विधान परिषद्

(c) राज्यपाल (d) राष्ट्रपति

508. निम्नलिखित में से कौन संविधान का अंग नहीं है?
(a) निर्वाचन आयोग
(b) वित्त आयोग
(c) अन्तर्राष्ट्रीय परिषद्
(d) योजना आयोग

509. वित्त आयोग का गठन कितनी अवधि के लिए होता है?
(a) 2 वर्ष
(b) प्रतिवर्ष
(c) 5 वर्ष
(d) राष्ट्रपति की इच्छानुसार जब और जैसे

510. भारत की पंचवर्षीय योजना अन्तिम रूप से अनुमोदित की जाती है–
(a) योजना आयोग द्वारा
(b) राष्ट्रीय विकास परिषद् द्वारा
(c) वित्त आयोग द्वारा
(d) निर्वाचन आयोग द्वारा

511. केन्द्र और राज्य के बीच धन के बँटवारे के सम्बन्ध में कौन राय देता है?
(a) निति आयोग
(b) प्रधानमंत्री
(c) संसद
(d) वित्त आयोग

512. प्रथम वित्त आयोग के अध्यक्ष कौन थे?
(a) के०सी० नियोगी
(b) एन०के०पी० साल्वे
(c) के०सी० पन्त
(d) के० संथानम

513. अखिल भारतीय सेवा में सम्मिलित नहीं है–
(a) भारतीय प्रशासनिक सेवा
(b) भारतीय पुलिस सेवा
(c) भारतीय विदेश सेवा
(d) भारतीय वन सेवा

514. निम्नलिखित में से वह देश कौन है जिसने सिविल सेवा के प्रति परीक्षा सबसे पहले शुरू की?
(a) ब्रिटेन
(b) फ्रांस
(c) चीन
(d) अमेरिका

515. राज्य लोक सेवा आयोग के अध्यक्ष की नियुक्ति कौन करता है?
(a) राष्ट्रपति
(b) उपराष्ट्रपति
(c) प्रधानमंत्री
(d) राज्यपाल

516. राज्य लोकसेवा आयोग के अध्यक्ष तथा सदस्य अपना त्यागपत्र किसे देते हैं?
(a) राष्ट्रपति
(b) राज्यपाल
(c) भारत के मुख्य न्यायाधीश
(d) मुख्यमंत्री

517. भारतीय संविधान के किस अनुच्छेद में निर्वाचन आयोग का वर्णन है?
(a) अनुच्छेद 286
(b) अनुच्छेद 324
(c) अनुच्छेद 356
(d) अनुच्छेद 382

518. भारत के विभिन्न राजनीतिक दलों को राष्ट्रीय या क्षेत्रीय दल का दर्जा देने का अधिकार किसको है?
(a) संसद
(b) राष्ट्रपति
(c) चुनाव आयोग
(d) सर्वोच्च न्यायालय

519. भारत में प्रथम आम चुनाव किस वर्ष किये गये थे?
(a) 1947–48
(b) 1948–49
(c) 1950–51
(d) 1951–52

520. भारत में पहली बार महिलाओं को मताधिकार कब प्राप्त हुआ?
(a) 1920 ई०
(b) 1926 ई०
(c) 1933 ई०
(d) 1936 ई०

521. मतदान की आयु सीमा की 21 वर्ष से हटाकर 18 वर्ष कब किया गया?
(a) 1988 ई०
(b) 1989 ई०
(c) 1990 ई०
(d) 1991 ई०

522. परिसीमन आयोग का अध्यक्ष होता है–
(a) राष्ट्रपति
(b) गृहमंत्री
(c) मुख्य चुनाव आयुक्त
(d) प्रधानमंत्री

523. मतदाताओं के पंजीयन का उत्तरदायित्व किस पर है?
(a) राज्यपाल
(b) मतदाता
(c) निर्वाचन आयोग
(d) राजनीतिक दल

524. संघ सूची, राज्य सूची तथा समवर्ती सूची का विस्तृत उल्लेख संविधान की किस अनुसूची में किया गया है?
(a) छठी
(b) सातवीं
(c) आठवीं
(d) नौवीं

525. केन्द्र राज्य संबंधों से सम्बन्धित अनुच्छेद है–
(a) अनुच्छेद 4 तथा 5
(b) अनुच्छेद 56 तथा 57
(c) अनुच्छेद 141 तथा 142
(d) अनुच्छेद 295 तथा 296

526. भारतीय संविधान में अवशिष्ट अधिकार है–
(a) राज्यों के पास
(b) केन्द्र के पास
(c) उपर्युक्त दोनों के पास
(d) किसी के पास नहीं

527. सरकारिया आयोग सम्बन्धित है–
(a) उच्च शिक्षा से
(b) नदी जल विवादों से
(c) शेयर-घोटालो से
(d) केन्द्र-राज्य सम्बन्धों से

528. राजमन्नार समिति का गठन किस राज्य द्वारा किया गया था?
(a) आन्ध्र प्रदेश (b) केरल
(c) तमिलनाडु (d) कर्नाटक

529. समवर्ती सूची में लिखे विषयों पर अधिनियम बनाने का अधिकार किसके पास है?
(a) राज्य और संघ
(b) केवल संघ
(c) केवल राज्य
(d) राज्य और संघ क्षेत्र

530. पंचायती राज विषय है–
(a) समवर्ती सूची (b) केन्द्र सूची
(c) राज्य सूची (d) इनमें से सभी

531. आर्थिक नियोजन विषय है–
(a) संघ सूची
(b) राज्य सूची
(c) समवर्ती सूची
(d) किसी भी सूची में नहीं

532. निम्नलिखित में से कौन-सा विषय समवर्ती सूची में है?
(a) कृषि (b) शिक्षा
(c) पुलिस (d) रक्षा

533. भारतीय संविधान की सातवीं अनुसूची के अन्तर्गत संघ सूची में निम्नलिखित में से किसका उल्लेख नहीं है?
(a) बैंकिंग (b) बीमा
(c) जनगणना (d) गैस

534. भारतीय संविधान की सातवीं अनुसूची के अन्तर्गत राज्यसूची में निम्नलिखित में से किसका उल्लेख नहीं है?
(a) शिक्षा (b) विद्युत
(c) रेलवे पुलिस (d) वन

535. निम्नलिखित सूचियों में से किसके अन्तर्गत शिक्षा आती है?
(a) केन्द्रीय सूची (b) राज्यसूची
(c) समवर्ती सूची (d) स्थानीय सूची

536. निम्नलिखित में से कौन राज्य-सूची में नहीं है?
(a) कृषि (b) जेल
(c) सिंचाई (d) सुरक्षा

537. सामाजिक सुरक्षा एवं सामाजिक बीमा विषय है–
(a) समवर्ती सूची में
(b) अवशिष्ट सूची में
(c) राज्यसूची में
(d) संघीय सूची में

538. संविधान की राज्य सूची में कौन-सा विषय नहीं है?
(a) मत्स्य (b) कृषि
(c) बीमा (d) सट्टेबाजी

539. संविधान की राज्यसूची में कौन-सा विषय नहीं है?
(a) मत्स्य (b) कृषि
(c) बीमा (d) सट्टेबाजी

540. 1953 में गठित राजभाषा आयोग के प्रथम अध्यक्ष कौन थे?
(a) बी०जी० खेर
(b) बी० कृष्णा
(c) जी०जी० मीरचंदानी
(d) इकबाल नारायण

541. संविधशन की आठवीं अनुसूची में सम्मिलित भाषाओं की संख्या कितनी है?
(a) 14 (b) 15
(c) 18 (d) 22

542. भारतीय संविधान में किन अनुच्छेदों में राजभाषा सम्बन्धी प्रावधानों का उल्लेख है?
(a) 343-351 तक (b) 434-315 तक
(c) 443-335 तक (d) 334-355 तक

543. संविधान के किस अनुच्छेद के तहत राष्ट्रीय आपातकाल की उद्घोषणा राष्ट्रपति करता है?
(a) अनुच्छेद 352 (b) अनुच्छेद 356
(c) अनुच्छेद 360 (d) अनुच्छेद 368

544. देश में पहली बार राष्ट्रीय आपातकाल की उद्घोषणा हुई–
(a) 14 दिसम्बर 1966
(b) 9 अगस्त 1969
(c) 3 दिसम्बर 1971
(d) 25 जून 1975

545. राष्ट्रीय आपातकाल की उद्घोषणा को संसद के समक्ष उसकी स्वीकृति हेतु रखा जाना आवश्यक है–
(a) एक माह के अंदर
(b) दो माह के अंदर
(c) एक वर्ष के अंदर
(d) छह माह के अंदर

546. संविधान के किस अनुच्छेद के आधार पर राष्ट्रपति देश में वित्तीय आपात की घोषणा करता है?
(a) अनुच्छेद 352 (b) अनुच्छेद 355
(c) अनुच्छेद 356 (d) अनुच्छेद 360

547. प्रथम बार राष्ट्रपति शासन किस राज्य में लगाया गया?
(a) पश्चिम बंगाल (b) केरल
(c) मैसूर (d) पंजाब

548. किसी राज्य में राष्ट्रपति शासन की प्रारम्भिक अवधि कितनी होती है?
(a) 1 वर्ष (b) 3 माह
(c) 6 माह (d) दो वर्ष

549. राष्ट्रपति शासन का प्रावधान है–
(a) अनुच्छेद 352 (b) अनुच्छेद 354
(c) अनुच्छेद 355 (d) अनुच्छेद 356

550. भारत में संघ-राज्यों का प्रशासन होता है–
(a) राष्ट्रपति द्वारा
(b) उपराज्यपाल द्वारा
(c) गृहमंत्री द्वारा
(d) प्रशासक द्वारा

551. संविधान की धारा 370 किस राज्य पर लागू होती है?
(a) जम्मू-कश्मीर (b) असम
(c) मणिपुर (d) नागालैण्ड

552. जम्मू-कश्मीर के संविधान को कब अंगीकृत किया गया?
(a) 1951 ई० (b) 1953 ई०
(c) 1954 ई० (d) 1957 ई०

553. जम्मू-कश्मीर का 'सदर-ए-रियासत' पदनाम कब बदलकर राज्यपाल कर दिया गया?
(a) 1949 ई० (b) 1950 ई०
(c) 1952 ई० (d) 1965 ई०

554. वर्तमान समय में देश में राष्ट्रीय दलों की कुल संख्या कितनी है?
(a) 3 (b) 5
(c) 6 (d) 7

555. किस राजनीतिक दल का चुनाव चिह्न 1952 के आम चुनाव से अब तक अपरिवर्तित रहा है?
(a) CPI (b) CPM
(c) BJP (d) SP

556. भारत में कोई भी राजनीतिक दल राष्ट्रीय दल के रूप में मान्यता प्राप्त कर सकता है, यदि वह राज्य स्तर का दल है, कम से कम–
(a) 3 राज्यों में (b) 4 राज्यों में
(c) 5 राज्यों में (d) 7 राज्यों में

557. भारत में दलीय व्यवस्था किस प्रकार की है?
(a) एकदलीय
(b) द्विदलीय
(c) बहुदलीय
(d) उपर्युक्त में से कोई नहीं

558. अखिल भारतीय किसान सभा का गठन किस वर्ष हुआ?
(a) 1925 ई० (b) 1929 ई०
(c) 1934 ई० (d) 1936 ई०

559. सुमेल करें–

सूची-I (श्रमिक संघ)		सूची-II (राजनीतिक दल)
A. AITUC		1. BJP
B. INTUC		2. माकपा
C. UTUC		3. कांग्रेस
D. BMS		4. भाकपा

कूट:	A	B	C	D
(a)	1	2	3	4
(b)	2	3	4	1
(c)	3	4	1	2
(d)	4	3	2	1

560. किसी भी क्षेत्र को अनुसूचित और जनजाति क्षेत्र घोषित करने का अधिकार किसे है?
(a) राष्ट्रपति (b) उपराष्ट्रपति
(c) प्रधानमंत्री (d) गृहमंत्री

561. पूर्वोत्तर भारत के किस राज्य में स्वायत्त जिले की व्यवस्था नहीं है?
(a) असम
(b) मिजोरम
(c) अरुणाचल प्रदेश
(d) त्रिपुरा

562. संविधान की किस अनुसूची में असम, मेघालय, त्रिपुरा तथा मिजोरम राज्यों

के अनुसूचित जनजाति के प्रशासन के सम्बन्ध में प्रावधान किया गया है?

(a) चौथी अनुसूची
(b) पाँचवीं अनुसूची
(c) छठी अनुसूची
(d) सातवीं अनुसूची

563. भारतीय संविधान के किस भाग में अल्पसंख्यकों के लिए विशेष प्रावधान किया गया है?

(a) भाग II
(b) भाग III
(c) भाग IV
(d) भाग V

564. भारतीय संविधान के किस अनुच्छेद के तहत अनुसूचित जाति एवं जनजाति के सदस्यों को लोकसभा में आरक्षण प्रदान किया गया है?

(a) अनुच्छेद 324
(b) अनुच्छेद 330
(c) अनुच्छेद 332
(d) अनुच्छेद 331

565. कौन व्यक्ति अनुसूचित जाति या जनजाति का सदस्य है, इसका निर्धारण करने का अधिकार किसको है?

(a) राष्ट्रपति
(b) प्रधानमंत्री
(c) राज्यपाल
(d) उपराष्ट्रपति

566. भारतीय सदस्यों के लिए विधानसभाओं में सीटें आरक्षित प्रदान की गयी है?

(a) अनुच्छेद 330
(b) अनुच्छेद 331
(c) अनुच्छेद 332
(d) अनुच्छेद 343

567. वर्तमान समय में लोकसभा की 543 सीटों में कितने सीटें अनुसूचित जाति के लिए आरक्षित हैं?

(a) 71
(b) 75
(c) 77
(d) 79

568. लोकसभा में कितने सीटें अनुसूचित जनजाति के लिए आरक्षित है?

(a) 40
(b) 60
(c) 79
(d) 85

569. राज्य विधानसभा में आंग्ल-भारतीय समुदाय का प्रतिनिधित्व नहीं होने पर सम्बन्धित राज्य का राज्यपाल संविधान के किस अनुच्छेद के तहत एक व्यक्ति को सदस्यता के लिए नामांकित कर सकता है?

(a) अनुच्छेद 330
(b) अनुच्छेद 331
(c) अनुच्छेद 332
(d) अनुच्छेद 333

570. संविधान के किस संशोधन द्वारा अनुच्छेद 338 में संशोधन करके अनुसूची जाति तथा जनजाति आयोग के गठन के सम्बन्ध में प्रावधान किया गया था?

(a) 61वें संशोधन
(b) 66वें संशोधन
(c) 65वें संशोधन
(d) 69वें संशोधन

571. पिछड़ा वर्ग आयोग का गठन कौन करता है?

(a) राष्ट्रपति
(b) प्रधानमंत्री
(c) लोकसभाध्यक्ष
(d) गृहमंत्री

572. भारतीय संविधान में अल्पसंख्यकों को मान्यता किस आधार पर दी गयी है?

(a) धर्म
(b) जाति
(c) रंग
(d) कुल जनसंख्या के साथ वर्ग की जनसंख्या का अनुपात

573. राष्ट्रीय पिछड़ा वर्ग आयोग की स्थापना कब हुई?

(a) 1975 ई०
(b) 1979 ई०
(c) 1990 ई०
(d) 1993 ई०

574. संविधान के किस भाग एवं अनुच्छेद में संविधान संशोधन प्रक्रिया का उल्लेख है?

(a) भाग I, अनुक्रमांक-3
(b) भाग VIII, अनुक्रमांक-239
(c) भाग XVI, अनुक्रमांक-336
(d) भाग XX, अनुक्रमांक-368

575. संविधान संशोधन कितने प्रकार से किया जा सकता है?

(a) 2
(b) 3
(c) 4
(d) 5

576. भारतीय संविधान की कौन-सी व्यवस्था दक्षिण अफ्रीका के संविधान से ली गयी है?

(a) संसदीय प्रणाली
(b) मूल अधिकार
(c) संविधान संशोधन
(d) मूल कर्त्तव्य

577. संविधान संशोधन हेतु विधेयक सर्वप्रथम कहाँ प्रस्तुत किया जाता है?

(a) संसद
(b) राज्यसभा
(c) लोकसभा
(d) राज्य विधानमण्डल

578. संविधान के अधिकांश अनुच्छेदों को संशाधित करने के लिए कौन-सी प्रक्रिया अपनायी जाती है?
(a) साधारण बहुमत
(b) दो तिहाई बहुमत
(c) दो तिहाई बहुमत एवं राज्यों का अनुमोदन
(d) उपर्युक्त में से कोई नहीं

579. भारत के संविधान में प्रथम संशोधन कब किया गया?
(a) 1950 ई० (b) 1951 ई०
(c) 1955 ई० (d) 1955 ई०

580. भूतकालिक प्रभाव से लागू होने वाला अपनी तरह का पहला संविधान संशोधन अधिनियम कौन-सा है?
(a) 5वाँ (b) 8वाँ
(c) 10वाँ (d) 13वाँ

581. सिक्किम को पूर्णत: राज्य का दर्जा किस संविधान संशोधन द्वारा प्रदान किया गया?
(a) 32वें (b) 34वें
(c) 35वें (d) 36वें

582. भारतीय संविधान की प्रस्तावना में 'समाजवादी' तथा 'धर्मनिरपेक्ष' शब्द जोड़े गये–
(a) 24वें संशोधन द्वारा
(b) 25वें संशोधन द्वारा
(c) 42वें संशोधन द्वारा
(d) 46वें संशोधन द्वारा

583. 42वें संविधान संशोधन अधिनियम 1976 से भारतीय संविधान में एक नया अध्याय जोड़ा गया–
(a) संघीय क्षेत्रों के प्रशासन से सम्बन्धित
(b) अन्तर्राज्यीय परिषद् के निर्माण
(c) मौलिक कर्त्तव्य
(d) इनमें से कोई नहीं

584. किस संविधान संशोधन को 'लघु संविधान' कहा गया है?
(a) 42वें (b) 44वें
(c) 46वें (d) 52वें

585. संविधान संशोधन द्वारा नागरिकों के मौलिक कर्त्तव्यों को जोड़ा गया–
(a) 41वें (b) 42वें
(c) 43वें (d) 44वें

586. किस संविधान संशोधन अधिनियम द्वारा अनुसूचित जनजातियों हेतु एक पृथक् राष्ट्रीय आयोग की स्थापना किया गया?
(a) 86वाँ (b) 89वाँ
(c) 91वाँ (d) 29वाँ

587. 91वाँ संविधान संशोधन विधेयक मंत्रिपरिषद् को कितना प्रतिशत तक सीमित करने के लिए जारी किया गया है?
(a) 10% (b) 8%
(c) 12% (d) 15%

588. भारतीय संविधान के किस भाग में पंचायती राज से सम्बन्धित प्रावधान है?
(a) भाग 6 (b) भाग 7
(c) भाग 8 (d) भाग 9

589. भारतीय संविधान के किस भाग में नगरपालिकाओं से सम्बन्धित प्रावधान है?
(a) भाग-4क (b) भाग-9क
(c) भाग-14क (d) भाग-22

590. संविधान के किस भाग में ग्राम पंचायतों की स्थापना की बात कही गयी है?
(a) भाग-3 (b) भाग-4
(c) भाग-5 (d) भाग-6

591. संविधान की ग्यारहवीं अनुसूची में क्या सम्मिलित है?
(a) राज्य के नीति-निर्देशक सिद्धांत
(b) पंचायतों का कार्यक्रम
(c) मूल अधिकार
(d) मूल कर्त्तव्य

592. पंचायती राज प्रणाली किस पर आधारित है?
(a) सत्ता के केन्द्रीयकरण पर
(b) सत्ता के विकेन्द्रीकरण पर
(c) प्रशासक एवं जनता के सहयोग पर
(d) उपर्युक्त सभी पर

593. भारत में निम्नलिखित में से किसके अन्तर्गत पंचायती राज प्रणाली की व्यवस्था की गय है?
(a) मौलिक अधिकार
(b) मौलिक कर्त्तव्य
(c) नीति निर्देशक सिद्धान्त
(d) चुनाव आयोग अधिनियम

594. किस संवैधानिक संशोधन द्वारा पंचायती राज संस्थाओं को संवैधानिक दर्जा प्रदान किया गया है?
(a) 71वाँ (b) 72वाँ
(c) 73वाँ (d) 74वाँ

595. 73वें संविधान संशोधन द्वारा 11वीं अनुसूची में पंचायती राज संस्थाओं को कितने कार्य सौंपे गये हैं?
(a) 97वाँ
(b) 66वाँ
(c) 47वाँ
(d) 29वाँ

596. भारत में सबसे पहले पंचायती राज की स्थापना किस वर्ष हुई?
(a) 1952 ई०
(b) 1956 ई०
(c) 1959 ई०
(d) 1960 ई०

597. पंचायत राज व्यवस्था की शुरुआत किस राज्य से हुई थी?
(a) कर्नाटक
(b) राजस्थान
(c) उत्तर प्रदेश
(d) आन्ध्र प्रदेश

598. सामुदायिक विकास योजना की शुरुआत कब हुआ?
(a) 1950
(b) 1951
(c) 1952
(d) 1953

599. लोकतांत्रिक विकेन्द्रीकरण का सुझाव दिया गया–
(a) महात्मा गांधी द्वारा
(b) विनोबा भावे द्वारा
(c) जय प्रकाश नारायण द्वारा
(d) बलवन्त राय मेहता द्वारा

600. पंचायत स्तर पर राज्य सरकार का प्रतिनिधित्व कौन करता है?
(a) ग्राम सेवक
(b) ग्राम मुखिया
(c) सरपंच
(d) पंचायत समिति

भारतीय अर्थव्यवस्था

1. भारतीय अर्थव्यवस्था किस प्रकार की अर्थव्यवस्था है?
   (a) पूँजीवादी अर्थव्यवस्था
   (b) समाजवादी अर्थव्यवस्था
   (c) परम्परागत अर्थव्यवस्था
   (d) मिश्रित अर्थव्यवस्था

2. मिश्रित अर्थव्यवस्था का अर्थ है–
   (a) वृहत् एवं कुटीर उद्योग का सह अस्तित्व
   (b) सार्वजनिक एवं निजी क्षेत्रों का सहयोग
   (c) सार्वजनिक तथा निजी क्षेत्र का सह अस्तित्व
   (d) उपर्युक्त में से कोई नहीं

3. भारत में बेरोजगारी का स्वरूप कैसा है?
   (a) तकनीकी   (b) चक्रीय
   (c) घर्षनात्मक   (d) संरचनात्मक

4. भारत की कुल श्रमशक्ति का लगभग कितना भाग कृषि में लगा हुआ है?
   (a) 50%   (b) 54%
   (c) 58%   (d) 64%

5. भारत में सबसे अधिक सम्पत्ति वाला राज्य कौन है?
   (a) तमिलनाडु   (b) महाराष्ट्र
   (c) केरल   (d) कर्नाटक

6. कृषि में मूलत: किस प्रकार की बेरोजगारी की प्रधानता देखने को मिलती है?
   (a) संरचनात्मक बेरोजगारी
   (b) खुली बेरोजगारी
   (c) अदृश्य बेरोजगारी
   (d) घर्षणात्मक बेरोजगारी

7. राज्य एवं राष्ट्रीय स्तर पर गरीबी का अनुमान लगाने के लिये योजना आयोग किसके सूत्र का प्रयोग करता है?
   (a) दान्डेकर एवं रथ
   (b) बी०एस० मिन्हास
   (c) डी०टी० लबड़ावाला
   (d) पी०के० वर्द्धन

8. वर्ल्ड डेवलपमेंट रिपोर्ट किसका वार्षिक प्रकाशन है?
   (a) IBRD   (b) IMF
   (c) UNDP   (d) WTO

9. मानव विकास सूचकांक (HDI) किस अर्थशास्त्री की देन है?
   (a) एडम स्मिथ
   (b) अमर्त्य सेन
   (c) कीन्स
   (d) महबूब-उल-हक

10. निम्नलिखित में से कौन-सा तत्त्व मानव विकास सूचकांक का नहीं है?
    (a) शिक्षा
    (b) स्वास्थ्य
    (c) समायोजित आय
    (d) निर्धनता रेखा से नीचे के लोग

11. बंद अर्थव्यवस्था से आप क्या समझते हैं?
    (a) निर्यात बंद
    (b) आयात-निर्यात बंद
    (c) आयात बंद
    (d) नियंत्रित पूँजी

12. वर्तमान में भारत में निर्धनता का प्रतिशत है–
    (a) 19.30%   (b) 21%
    (c) 36%   (d) 41%

13. राज्यस्तरीय मानव विकास रिपोर्ट जारी करने वाला प्रथम राज्य है?
    (a) केरल   (b) राजस्थान
    (c) मध्य प्रदेश   (d) उत्तर प्रदेश

14. भारत की राष्ट्रीय आय का प्रमुख स्रोत है–
    (a) कृषि क्षेत्र   (b) सेवा क्षेत्र
    (c) उद्योग क्षेत्र (d) व्यापार क्षेत्र

15. जैसे-जैसे अर्थव्यवस्था विकसित होती है, राष्ट्रीय आय में तृतीयक क्षेत्र का अंश–
    (a) घटता है, तत्पश्चात् बढ़ता है
    (b) बढ़ता है, तत्पश्चात् घटता है
    (c) बढ़ता जाता है
    (d) घटता जाता है

16. भारत की राष्ट्रीय आय अनुमानित होती है–
(a) योजना आयोग द्वारा
(b) वित्त मंत्रालय द्वारा
(c) केन्द्रीय सांख्यिकी संगठन द्वारा
(d) रिजर्व बैंक ऑफ इण्डिया द्वारा

17. निम्न में से किस राज्य की प्रति व्यक्ति आय सबसे अधिक है?
(a) गोवा   (b) पंजाब
(c) महाराष्ट्र   (d) गुजरात

18. भारत में चालू-मूल्यों पर प्रति व्यक्ति न्यूनतम आय वाला राज्य है–
(a) बिहार   (b) उड़ीसा
(c) राजस्थान   (d) गुजरात

19. 1867-68 में भारत में प्रति व्यक्ति आय 20 रुपये थी, यह सर्वप्रथम अभिनिश्चित किया–
(a) एम०जी० रानाडे
(b) सर डब्ल्यू हण्टर ने
(c) आर०सी० दत्त
(d) दादाभाई नौरोजी

20. भारत में राष्ट्रीय आय की गणना में किस विधि का प्रयोग किया जाता है?
(a) रोजगार
(b) निर्यात का आकार
(c) ग्रामीण उपभोग
(d) राष्ट्रीय आय

21. हिन्दू वृद्धि दर किससे सम्बन्धित है?
(a) प्रतिव्यक्ति आय
(b) राष्ट्रीय आय
(c) साक्षरता
(d) जनसंख्या

22. स्वतंत्रता के पश्चात् देश की राष्ट्रीय आय का अनुमान लगाने के लिए भारत ने राष्ट्रीय आय समिति की स्थापना कब की थी?
(a) 4 अगस्त 1945
(b) 4 अगस्त 1956
(c) 4 अगस्त 1961
(d) 4 अगस्त 1966

23. भारत में राष्ट्रीय आय का अनुमान सर्वप्रथम किसने लगाया था?
(a) के०एन० राज
(b) वी०के०आ०बी० राव
(c) पी०सी० महालनोबिस
(d) दादाभाई नौरोजी

24. भारत में राष्ट्रीय आय समंको का आकलन किसके द्वारा किया जाता है?
(a) भारतीय रिजर्व बैंक
(b) योजना आयोग
(c) वित्त मंत्रालय
(d) केन्द्रीय सांख्यिकी संगठन

25. भारत के राष्ट्रीय आय में सर्वाधिक योगदान किसका है?
(a) प्राथमिक क्षेत्र   (b) द्वितीयक क्षेत्र
(c) तृतीयक क्षेत्र   (d) सभी का बराबर

26. 'ग्रेशम का नियम' सम्बन्धित है–
(a) उपभोग एवं माँग
(b) आपूर्ति एवं माँग
(c) मुद्रा के प्रचलन
(d) घाटे की अर्थव्यवस्था

27. ऐसी विदेशी मुद्रा जिसमें शीघ्र पलायन कर जाने की प्रवृत्ति हो, वह कहलाती है–
(a) दुर्लभ मुद्रा   (b) सुलभ मुद्रा
(c) स्वर्ण मुद्रा   (d) गर्म मुद्रा

28. निम्न में से कौन मुद्रा का कार्य नहीं है?
(a) मूल्य का मापन
(b) मूल्य का हस्तान्तरण
(c) मूल्य का संचय
(d) मूल्य का स्थिरीकरण

29. मुद्रा स्वयं मुद्रा का निर्माण करती है–यह परिभाषा किसने दी?
(a) मार्शल   (b) क्राउथर
(c) क्रोउमर   (d) हैन्सन

30. सरकार द्वारा पुरानी मुद्रा को समाप्त कर नई मुद्रा चलना कहलाता है–
(a) अवमूल्यन   (b) विमुद्रीकरण
(c) मुद्रा संकुचन   (d) मुद्रास्फीति

31. बाजार के नियम के प्रस्तुतकर्त्ता थे–
(a) टिकार्डो
(b) जे०बी०से०
(c) ए०सी० पिगाओ
(d) माल्यस

32. वह अवस्था जिसमें मुद्रा का मूल्य गिर जाता है और कीमतें बढ़ जाती हैं–
(a) मुद्रास्फीति
(b) मुद्रा अवस्फीति
(c) मंदी
(d) ऋण परिशोधन

33. अर्थव्यवस्था की वैसी स्थिति जिसमें मुद्रा स्फीति के साथ मन्दी की स्थिति होती है, कहलाती है–
(a) इन्फलेशन (b) स्टेगफ्लेशन
(c) रिफ्लेशन (d) एमोटाइजेशन

34. मुद्रास्फीति से बाजार की वस्तुएँ–
(a) सस्ती हो जाती हैं
(b) महँगी हो जाती है
(c) प्रचुरता से मिलती है
(d) बिल्कुल नहीं मिलती है

35. लगातार बढ़ती कीमतों की प्रक्रिया होती है–
(a) मन्दी (b) अति उत्पादन
(c) मुद्रास्फीति (d) मुद्राअवस्फीति

36. कौन वर्ग है जिसको मुद्रास्फीति के कारण सबसे अधिक हानि होती है?
(a) देनदार
(b) लेनदार
(c) व्यापारी वर्ग
(d) वास्तविक परिसम्पत्तियों के धारक

37. मुद्रास्फीति से लाभान्वित होता है–
(a) बचतकर्ता (b) ऋणदाता
(c) ऋणी (d) पेंशन प्राप्तकर्ता

38. मुद्रास्फीति को इनमें से किसके द्वारा रोका जा सकता है?
(a) बचत का बजट
(b) प्रत्यक्ष कराधान में वृद्धि
(c) सरकारी व्यय में कटौती
(d) इनमें से सभी

39. कौन मुद्रास्फीति के नियंत्रण की विधि नहीं है?
(a) माँग पर नियंत्रण
(b) मुद्रा की पूर्ति पर नियंत्रण
(c) ब्याज दर में कमी
(d) वस्तुओं की राशनिंग

40. भारत में मुद्रास्फीति ज्ञात करने के लिए किसका प्रयोग किया जाता है?
(a) उपभोक्ता मूल्य सूचकांक
(b) उत्पादन मूल्य सूचकांक
(c) थोक मूल्य सूचकांक
(d) इनमें से कोई नहीं

41. मुद्रास्फीति को स्थायी रूप से किस प्रकार नियंत्रित किया जा सकता है?
(a) कर में वृद्धि द्वारा
(b) मूल्यों में कमी द्वारा
(c) मुद्रा आपूर्ति की वृद्धि कर नियंत्रण द्वारा
(d) निर्यात में वृद्धि कर

42. निम्नलिखित में से मुद्रा आपूर्ति की सर्वाधिक तरल माप है?
(a) M_1 (b) M_2
(c) M_3 (d) M_4

43. निम्नलिखित में किसको मुद्रा पूर्ति में विस्तृत मुद्रा कहा जाता है?
(a) M_1 (b) M_2
(c) M_3 (d) M_4

44. भारतीय रिजर्व बैंक द्वारा मुद्रा आपूर्ति के संघटकों में M_1 से M_4 तक जाने पर तरलता की मात्रा क्रमशः–
(a) घटती है (b) बढ़ती है
(c) स्थिर रहती है (d) इनमें से सभी

45. मुद्रा आपूर्ति की माप M_3 में किसे सम्मिलित नहीं किया जाता है?
(a) जनता के पास नकद मुद्रा
(b) डाकखानों की माँग जमा
(c) बैंकों की माँग जमा
(d) बैंकों की सावधि जमा

46. भारत में सर्वप्रथम कागज की मुद्रा का चलन कब प्रारम्भ हुआ था?
(a) 1542 ई० (b) 1601 ई०
(c) 1680 ई० (d) 1806 ई०

47. देश के विदेशी मुद्रा भण्डार में किस घटक को सम्मिलित किया जाता है?
(a) RBI की विदेशी मुद्रा परिसम्पत्तियाँ
(b) RBI के स्वर्ण भण्डार
(c) रुपये की पूर्ण परिवर्तनीयता
(d) इनमें से सभी

48. किस घटक में भारत के विदेशी मुद्रा भंडार की वृद्धि में प्रमुख योगदान दिया है?
(a) रुपये का अवमूल्यन
(b) प्रत्यक्ष और अप्रत्यक्ष विदेशी निवेश
(c) रुपये की पूर्ण परिवर्तनीयता
(d) इनमें से सभी

49. 'अवमूल्यन' शब्द का अर्थ है–
(a) अन्य देश की, मुद्रा की तुलना में स्वदेशी मुद्रा के मूल्य को घटाना

(b) स्वदेशी मुद्रा के मूल्य में बढ़ोत्तरी करना

(c) स्वदेशी मुद्रा के बदले में नई मुद्रा जारी करना

(d) उपर्युक्त में से कोई नहीं

50. काली मुद्रा 'ब्लैक मनी' की सब से तात्पर्य है—
(a) गैर कानूनी आय
(b) बिना बतायी गयी एवं छिपायी गयी आय
(c) ऐसी आय जिसका औचित्य नहीं है
(d) वह आय जिस पर कर अपवंचन नहीं हुआ है

51. अवमूल्यन से क्या लाभ है?
(a) निर्यात प्रोत्साहन
(b) आयात प्रोत्साहन
(c) काले धन पर नियंत्रण
(d) घाटे के बजट पर प्रतिबन्ध

52. अब तक भारतीय मुद्रा का कितनी बार अवमूल्यन किया गया है?
(a) एक बार   (b) दो बार
(c) तीन बार   (d) चार बार

53. भारतीय रुपये का सर्वप्रथम अवमूल्यन कब किया गया?
(a) 1949 ई०   (b) 1966 ई०
(c) 1991 ई०   (d) 2000 ई०

54. भारतीय मुद्रा को पूर्ण परिवर्तनीय बनाया गया—
(a) 1992-93   (b) 1993-94
(c) 1994-95   (d) 1995-96

55. रुपये को चालू खातों में पूर्ण परिवर्तनीय कब घोषित किया गया?
(a) 19 अगस्त, 1992 को
(b) 19 अगस्त, 1994 को
(c) 30 मार्च, 1994 को
(d) 30 मार्च, 1995 को

56. वर्तमान में भारत में रुपये की पूर्ण परिवर्तनीयता लागू है, भुगतान सन्तुलन के—
(a) केवल व्यापार खाते पर
(b) पूँजी खाते पर
(c) चालू खाते पर
(d) इनमें से सभी

57. 'गिल्ट एज्ड' बाजार किससे सम्बन्धित है?
(a) कटे-फटे पुराने करेंसी नोट
(b) सोना-चाँदी

(c) सरकारी प्रतिभूर्तियाँ
(d) निगम ऋण पत्र

58. भारतीय रिजर्व बैंक है—
(a) वाणिज्यिक बैंक
(b) केन्द्रीय बैंक
(c) सहकारी बैंक
(d) अग्रणी बैंक

59. भारतीय रिजर्व बैंक का राष्ट्रीयकरण कब हुआ?
(a) 1945 ई०   (b) 1947 ई०
(c) 1949 ई०   (d) 1950 ई०

60. भारतीय रिजर्व बैंक का मुख्यालय कहाँ है?
(a) नई दिल्ली   (b) मुम्बई
(c) कोलकाता   (d) चेन्नई

61. 'बैंकों का बैंक' कहा जाता है—
(a) RBI   (b) SBI
(c) BOI   (d) CBI

62. करेंसी नोट जारी करता है—
(a) वित्त मंत्रालय (b) विदेश मंत्रालय
(c) SBI   (d) RBI

63. भारत के विदेशी विनिमय संचय का प्रतिरक्षक है—
(a) विदेश मंत्रालय
(b) वित्त मंत्रालय
(c) भारतीय स्टेट बैंक
(d) भारतीय रिजर्व बैंक

64. व्यापारिक बैंकों द्वारा जनित साख का नियंत्रण कौन करता है?
(a) SBI   (b) RBI
(c) वित्त मंत्रालय (d) भारत सरकार

65. वह भारतीय राज्य जिसका वित्तीय लेन-देन भारतीय रिजर्व बैंक के माध्यम से नहीं होता है—
(a) सिक्किम
(b) गोवा
(c) अरुणाचल प्रदेश
(d) जम्मू-कश्मीर

66. RBI का लेखा वर्ष होता है—
(a) अप्रैल-मार्च
(b) जुलाई-जून
(c) अक्टूबर-सितम्बर
(d) जनवरी-दिसंबर

67. रिजर्व बैंक के नोट निर्गमन विभाग के पास हर समय कम-से-कम कितने मूल्य का स्वर्णकोष रहना चाहिए?
(a) 85 करोड़ (b) 115 करोड़
(c) 200 करोड़ (d) 300 करोड़

68. 1 रुपये के नोट पर किसके हस्ताक्षर होते हैं?
(a) वित्त सचिव भारत सरकार
(b) वित्त मंत्री भारत
(c) गवर्नर भारतीय स्टेट बैंक
(d) गवर्नर भारतीय रिजर्व बैंक

69. बैंक नोट प्रेस कहां स्थित है?
(a) नासिक (b) देवास
(c) नोएडा (d) मुम्बई

70. भारत में नोट जारी करने की कौन-सी प्रणाली अपनायी जाती है?
(a) अधिकतम प्रत्ययी प्रणाली
(b) न्यूनतम आरक्षित प्रणाली
(c) आनुपातिक प्रत्ययी प्रणाली
(d) नियत प्रत्ययी प्रणाली

71. इम्पीरियल बैंक ऑफ इण्डिया का आंशिक राष्ट्रीयकरण करके भारतीय स्टेट बैंक की स्थापना कब की गयी?
(a) 1935 ई० (b) 1949 ई०
(c) 1955 ई० (d) 1962 ई०

72. भारत का सबसे बड़ा व्यावसायिक बैंक है?
(a) यूनाइटेट कमर्शियल बैंक
(b) पंजाब नेशनल बैंक
(c) भारतीय स्टेट बैंक
(d) बैंक ऑफ बड़ौदा

73. भारत में सर्वाधिक शाखाएँ किस विदेशी बैंक की हैं?
(a) स्टैण्डर्ड चार्टर्ड बैंक
(b) सिटी बैंक
(c) ए एण्ड जेड ग्रिण्डलेज बैंक
(d) चाइना ट्रस्ट बैंक

74. ग्रामीण विकास के लिए ऋण प्रदान करने वाला 'नाबार्ड' है, एक–
(a) बैंक (b) बोर्ड
(c) खण्ड (d) विभाग

75. नाबार्ड की स्थापना किस समिति की सिफारिस के आधार पर हुई?
(a) लोक लेखा समिति
(b) शिवरामन समिति
(c) नरसिंहम समिति
(d) फेरवानी समिति

76. राष्ट्रीय आवास बैंक किसका नियंत्रित उपक्रम है?
(a) भारतीय रिजर्व बैंक
(b) नाबार्ड
(c) भारतीय यूनिट ट्रस्ट
(d) भारतीय जीवन बीमा निगम

77. भारतीय लघु उद्योग विकास बैंक (SIDBI) का मुख्यालय कहाँ है?
(a) मुम्बई (b) बंगलौर
(c) लखनऊ (d) नई दिल्ली

78. भारत में किस राज्य में कोई क्षेत्रीय ग्रामीण बैंक नहीं है?
(a) सिक्किम और गोवा
(b) बिहार और राजस्थान
(c) सिक्किम और असम
(d) मणिपुर और नागालैण्ड

79. भारतीय औद्योगिक पुनर्निर्माण बैंक की स्थापना किस वर्ष की गयी थी?
(a) 1975 (b) 1985
(c) 1990 (d) 1992

80. नरसिंहिम समिति ने बैंकिंग ढाँचे को कितने स्तर का बनाने की संस्तुति की थी?
(a) दो (b) तीन
(c) चार (d) पाँच

81. क्षेत्रीय ग्रामीण बैंकों का उनके प्रवर्तक बैंकों में विलय करने की संस्तुति किसने की थी?
(a) नरसिंहम समिति
(b) रंगराजन समिति
(c) खुसरो समिति
(d) फेरवानी समिति

82. फेडरल रिजर्ब बैंक किस देश का केन्द्रीय बैंक है?
(a) जर्मनी
(b) संयुक्त राज्य अमेरिका
(c) यूनाइटेड किंगडम
(d) फ्रांस

83. नाबार्ड है, एक–
(a) निर्धनता निवारण कार्यक्रम
(b) सामाजिक सुरक्षा योजना
(c) बैंक
(d) बीमा निगम

84. भारत में नयें निजी बैंकों की स्थापना के लिए न्यूनतम चुकता पूँजी कितनी है?
(a) 50 करोड़ (b) 200 करोड़
(c) 500 करोड़ (d) 300 करोड़

85. भारतीय यूनिट ट्रस्ट (U.T.I.) की स्थापना कब हुई थी?
(a) 1953 (b) 1956
(c) 1969 (d) 1964

86. भारत में सबसे पहले म्यूचुअल फण्ड प्रारंभ किया?
(a) L.I.C. (b) G.I.C.
(c) U.T.I. (d) S.B.I.

87. भारत का सबसे बड़ा म्यूचुअल फण्ड संस्था है–
(a) L.I.C. (b) G.I.C.
(c) S.B.I. (d) U.T.I.

88. अनुसूचित बैंकों से अभिप्राय उन बैंकों से है, जिनका–
(a) राष्ट्रीयकरण हो चुका है
(b) राष्ट्रीयकरण नहीं हुआ है
(c) मुख्यालय विदेशों में है
(d) नाम भारतीय रिजर्व बैंक की दूसरी अनुसूची में शामिल है

89. बीमा नियामक एवं विकास प्राधिकरण (इरडा) का मुख्यालय कहाँ है?
(a) नई दिल्ली (b) हैदराबाद
(c) अहमदाबाद (d) चेन्नई

90. आर०एन० मल्होत्रा समिति किस क्षेत्र से सम्बन्धित है?
(a) बीमार उद्योग (b) कर सुधार
(c) बीमा क्षेत्र (d) बैंकिंग क्षेत्र

91. भारत का सबसे पुराना स्टॉक एक्सचेन्ज है–
(a) बम्बई स्टॉक एक्सचेन्ज
(b) दिल्ली स्टॉक एक्सचेन्ज
(c) राष्ट्रीय स्टॉक एस्सचेन्ज
(d) O.T.C.E.I.

92. बम्बई स्टॉक एक्सचेन्ज की स्थापना कब हुई?
(a) 1885 ई० (b) 1861 ई०
(c) 1875 ई० (d) 1885 ई०

93. NIFTY किस शेयर बाजार का मूल्य सूचकांक है?
(a) N.S.E. (b) B.S.E.
(c) C.S.E. (d) D.S.E.

94. दलाल स्ट्रीट कहाँ स्थित है?
(a) लन्दन (b) पेरिस
(c) मुम्बई (d) नई दिल्ली

95. निक्की है–
(a) टोकियो स्टॉक एक्सचेन्ज का शेयर मूल्य सूचकांक
(b) जापान का केन्द्रीय बैंक
(c) जापान का एक बैंक
(d) जापान की विदेशी मुद्रा

96. डो-जोन्स है–
(a) न्यूयॉर्क स्टॉक एक्सचेन्ज का नाम
(b) बम्बई स्टॉक एक्सचेन्ज का नाम
(c) विश्व स्वर्ण परिषद् का सूचकांक
(d) उपर्युक्त, सभी

97. टोकियो स्थित स्टॉक एक्सचेन्ज का नाम है–
(a) हांगकांग (b) सिमेक्स
(c) डो-जोन्स (d) निक्की

98. F.T.S.E.100 स्टॉक एक्सचेन्ज कहाँ स्थित है?
(a) सियोल (b) लंदन
(c) पेरिस (d) न्यूयॉर्क

99. शेयर बाजार पर नियंत्रण कौन करता है?
(a) MRTP (b) SEBI
(c) FERA (d) BIPR

100. मंदड़िया एवं तेजड़िया किससे सम्बन्धित है?
(a) शेयर बाजार
(b) घुड़सवारी
(c) करारोपण
(d) सार्वजनिक व्यापार

101. भारत में एकमात्र टंगस्टन उत्खनन केन्द्र है?
(a) हट्टी (b) कोलार
(c) डेगाना (d) खेतड़ी

102. निम्नलिखित में से किसके उत्पादन में भारत का विश्व में प्रथम स्थान है?
(a) टंगस्टन (b) जिप्सम
(c) अभ्रक (d) ग्रेफाइट

103. भारत का सर्वाधिक अभ्रक उत्पादक राज्य है–
(a) आंध्र प्रदेश (b) झारखण्ड
(c) उड़ीसा (d) मध्य प्रदेश

104. खनिज पदार्थों के उत्पादन में निम्नलिखित में से कौन-सा राज्य प्रथम स्थान रखता है?
(a) मध्य प्रदेश (b) झारखण्ड
(c) राजस्थान (d) कर्नाटक

105. भारत किस देश को सर्वाधिक लौह अयस्क का निर्यात करता है?
(a) जापान (b) यू०एस०ए०
(c) जर्मनी (d) यू०के०

106. कोलार स्वर्ण खान किस राज्य में है?
(a) आंध्र प्रदेश (b) तेलंगाना
(c) कर्नाटक (d) मध्य प्रदेश

107. संवैधानिक स्थिति के अनुसार खनिजों पर किसका अधिकार है?
(a) राज्य सरकार का
(b) केन्द्र सरकार का
(c) उपर्युक्त दोनों का
(d) इनमें से कोई नहीं

108. भारत में पहली स्वर्ण रिफायनरी कहाँ स्थित है?
(a) नई दिल्ली (b) कोलकाता
(c) शिरपुर (d) हैदराबाद

109. विश्व की सबसे बड़ी स्वर्ण रिफायनरी 'रैण्ड रिफायनरी' किस देश में है?
(a) सं०रा०अ० (b) ऑस्ट्रेलिया
(c) दक्षिण अफ्रीका (d) ब्रिटेन

110. भारत की प्रथम खनिज नीति कब घोषित हुई थी?
(a) 1951 ई० (b) 1961 ई०
(c) 1972 ई० (d) 1976 ई०

111. विश्व में कोयला उत्पादन में अग्रणी देश है–
(a) चीन (b) सं०रा०अ०
(c) भारत (d) रूस

112. कोयला उत्पादक में भारत का स्थान है–
(a) दूसरा (b) तीसरा
(c) चौथा (d) पाँचवाँ

113. भारत में प्रथम जलविद्युत शक्ति गृह 1897 ई० में कहाँ स्थापित किया गया था?
(a) शिवसमुद्रम (b) दार्जिलिंग
(c) पायकारा (d) मोहरा

114. विश्व के सबसे बड़े गैस आधारित विद्युत संयत्र कहाँ है?
(a) गुजरात (b) महाराष्ट्र
(c) उत्तर प्रदेश (d) त्रिपुरा

115. पवन ऊर्जा के उत्पादन में विश्व का अग्रणी देश–
(a) जर्मनी (b) डेनमार्क
(c) सं०रा०अ० (d) स्पेन

116. पवन ऊर्जा के उत्पान में भारत का स्थान कौन? है?
(a) तीसरा (b) चौथा
(c) पाँचवाँ (d) छठा

117. निम्नलिखित में से कौन-सा स्रोत ऊर्जा का व्यवसायिक स्रोत नहीं है?
(a) पेट्रोलियम (b) परमाणु ऊर्जा
(c) प्राकृतिक गैस (d) बायोगैस

118. भाभा परमाणु अनुसंधान केन्द्र का गठन कब हुआ है?
(a) 1948 ई० (b) 1953 ई०
(c) 1957 ई० (d) 1961 ई०

119. रावतभाटा परमाणु विद्युत संयन्त्र कहाँ अवस्थित है?
(a) कर्नाटक (b) तमिलनाडु
(c) गुजरात (d) राजस्थान

120. कलपक्कम परमाणु उपक्रम कहाँ अवस्थित है?
(a) राजस्थान (b) उड़ीसा
(c) तमिलनाडु (d) उत्तर प्रदेश

121. कैगा परमाणु विद्युत संयंत्र स्थित है–
(a) कर्नाटक (b) तमिलनाडु
(c) गुजरात (d) राजस्थान

122. विश्व का सबसे बड़ा खनिज तेल उत्पादक देश है–
(a) सऊदी अरब (b) रूस
(c) सं०रा०अ० (d) चीन

123. कलोल खनिज तेल उत्खनन क्षेत्र किस राज्य में है?
(a) असम (b) महाराष्ट्र
(c) गुजरात (d) राजस्थान

124. भारत का सबसे बड़ा खनिज तेल क्षेत्र है–
(a) कावेरी बेसिन
(b) कच्छ बेसिन
(c) असम क्षेत्र
(d) बम्बई अपतट क्षेत्र

125. मंगला तेल क्षेत्र कहाँ स्थित है?
(a) असम (b) राजस्थान
(c) महाराष्ट्र (d) गुजरात

126. कृष्णा क्रान्ति का संबंध किससे है?
(a) कृष्ण पिण्ड
(b) खनिज तेल उत्पादन
(c) खाद्य तेल उत्पादन
(d) उर्वरक

127. परमाणु ऊर्जा आयोग का गठन कब हुआ?
(a) 1945 ई० (b) 1947 ई०
(c) 1948 ई० (d) 1959 ई०

128. किस कोयला क्षेत्र का कोयला भण्डार सर्वाधिक है?
(a) झरिया (b) रानीगंज
(c) कोरबा (d) सिंगरौली

129. लिग्नाइट कोयला उत्पादन के लिए प्रसिद्ध है–
(a) रानीगंज (b) सिंगरैनी
(c) सिंगरौली (d) न्येवेली

130. औद्योगिक क्रांति सर्वप्रथम किस देश में हुई थी?
(a) फ्रांस (b) जर्मनी
(c) इंग्लैण्ड (d) सं०रा०अ०

131. भारत सरकार द्वारा नवीन औद्योगिक नीति की घोषणा कब की गयी?
(a) 24 जुलाई 1991
(b) 2 अगस्त 1991
(c) 15 अगस्त 1991
(d) 23 दिसम्बर 1991

132. देश की प्रथम औद्योगिक नीति की घोषणा कब की गयी थी?
(a) 1 अप्रैल 1942
(b) 6 अप्रैल 1948
(c) 30 अप्रैल 1956
(d) 1 जनवरी 1956

133. सार्वजनिक क्षेत्र के कितने उपक्रमों को 'नवरत्न' का दर्जा दिया गया है?
(a) 17 (b) 9
(c) 16 (d) 13

134. सार्वजनिक क्षेत्र के कितने उपक्रमों को 'महारत्न' का दर्जा दिया गया है?
(a) 5 (b) 7
(c) 3 (d) 2

135. सार्वजनिक क्षेत्र के उद्योगों में विनिवेश का प्रारंभ कब से प्रारंभ हुआ?
(a) 1980-80 ई०
(b) 1985-88 ई०
(c) 1990-91 ई०
(d) 1991-92 ई०

136. लघु उद्योग विकास संगठन (SIDO) की स्थापना कब की गयी थी?
(a) 1954 ई० (b) 1956 ई०
(c) 1964 ई० (d) 1980 ई०

137. भारत के कुल औद्योगिक निर्यातों में लघु उद्योगों का योगदान कितना है?
(a) 1/3 (b) 1/4
(c) 50% (d) 2/3 से अधिक

138. निम्न में से लघु उद्योगों की क्या समस्याएँ हैं?
(a) पूँजी का अभाव
(b) विपणन जानकारी का अभाव
(c) कच्चे माल का अभाव
(d) इनमें से सभी

139. भारत में औद्योगिक वित्त का शिखर संगठन है–
(a) IDBI (b) RBI
(c) ICICI (d) IFCI

140. निम्नलिखित में कौन-सी संस्था उद्योगों को दीर्घकालीन वित्त उपलब्ध कराती है?
(a) UTI
(b) LIC
(c) GIC
(d) इनमें से सभी

141. औद्योगिक वित्त उपलब्ध कराने वाली सर्वप्रथम संस्था कौन-सी थी?
(a) IDBI
(b) RRCI
(c) SIDBI
(d) ICICI

142. औद्योगिक एवं वित्तीय विनिर्माण बोर्ड की स्थापना कब की गयी थी?
(a) जनवरी, 1986
(b) जनवरी, 1992
(c) जनवरी, 1987
(d) जनवरी, 1983

143. भारतीय औद्योगिक वित्त निगम (IFCI) की स्थापना का आधार वर्ष है–
(a) 1948 ई० (b) 1956 ई०
(c) 1976 ई० (d) 1982 ई०

144. औद्योगिक श्रमिकों के लिए उपभोक्ता कीमत सूचकांक का आधार वर्ष है–
(a) 1980 (b) 1981
(c) 1982 (d) 1991

145. 'व्हाइट गुडस' में सम्मिलित वस्तुएँ हैं–
(a) स्टेनलेस स्टील एवं एल्युमीनियम के बर्तन
(b) दुग्ध एवं दुग्ध उत्पाद
(c) प्रदर्शन उपभोग के लिए खरीदी गयी वस्तुएं
(d) साबुन, डिटर्जेन्ट तथा अन्य आम उपभोग की वस्तुएं

146. भारतीय औद्योगिक विकास बैंक की भारत सरकार ने अपने हाथों में लिया–
(a) 1972 में (b) 1976 में
(c) 1970 में (d) 1980 में

147. भारत में नये औद्योगिक उत्पादन का आधार वर्ष है–
(a) 1993-94 (b) 1994-95
(c) 1984-81 (d) 1981-80

148. लिमिटेड कम्पनी से अभिप्राय है–
(a) जिसमें शेयर होल्डरों का दायित्व उनकी चुकता पूँजी की सीमा तक सीमित हो
(b) जिसमें निश्चित शेयर निर्गमित किये गये हों
(c) सरकारी स्वामित्व की कम्पनी
(d) पंजीकृत कम्पनी

149. स्टील ऑथरिटी ऑफ इण्डिया लिमिटेड (SAIL) की स्थापना कब हुई थी?
(a) 1954 ई० (b) 1964 ई०
(c) 1974 ई० (d) 1984 ई०

150. दुर्गापुर इस्पात संयंत्र किसके सहयोग से स्थापित किया गया?
(a) जर्मनी (b) सोवियत संघ
(c) ग्रेट ब्रिटेन (d) सं०रा०अ०

151. बोकारो स्टील प्लान्ट किस देश के सहयोग से स्थापित किया गया है?
(a) रूस (b) फ्रांस
(c) ग्रेट ब्रिटेन (d) अमरीका

152. राउरकेला में इस्पात कारखाना की स्थापना किस देश के सहयोग से की गयी?
(a) जर्मनी (b) सोवियत संघ
(c) जापान (d) ग्रेट ब्रिटेन

153. लौह-इस्पात का सबसे बड़ा उत्पादक प्लाण्ट है–
(a) राउरकेला इस्पात संयंत्र
(b) बोकारो इस्पात संयंत्र
(c) दुर्गापुर इस्पात संयंत्र
(d) भिलाई इस्पात संयंत्र

154. भारत का सबसे बड़ा उद्योग क्या है?
(a) खनन उद्योग (b) विद्युत् उद्योग
(c) बैंकिंग उद्योग (d) कपड़ा उद्योग

155. किस उद्योग में सर्वाधिक श्रमशक्ति कार्यरत हैं?
(a) सीमेंट उद्योग
(b) हस्तशिल्प उद्योग
(c) आभूषण उद्योग
(d) कपड़ा उद्योग

156. भारत का प्राचीनतम उद्योग कौन है?
(a) कसूती वस्त्र उद्योग
(b) लौह इस्पात उद्योग
(c) जूट उद्योग
(d) कागज उद्योग

157. शुद्ध विदेशी मुद्रा उपार्जन में सर्वाधिक योगदान किस उद्योग का है?
(a) कपड़ा उद्योग
(b) हस्तशिल्प उद्योग
(c) जूट उद्योग
(d) कागज उद्योग

158. 'पूर्व का बोस्टन' किस नगर को कहते हैं?
(a) सूरत   (b) अहमदाबाद
(c) कानपुर   (d) मुम्बई

159. 'सूती वस्त्रों की राजधानी' किस नगर को कहते हैं?
(a) अहमदाबाद   (b) मुम्बई
(c) गुरुदासपुर   (d) जालंधर

160. उत्तर भारत का मैनचेस्टर किस नगर को कहते हैं?
(a) मुम्बई   (b) कानपुर
(c) अहमदाबाद   (d) लुधियाना

161. निम्न में से कौन हौजरी उद्योग के लिए प्रसिद्ध है?
(a) लुधियाना   (b) जालंधर
(c) चण्डीगढ़   (d) जम्मू

162. देश में रेशम उद्योग सर्वाधिक कहाँ स्थित है?
(a) मणिपुर   (b) कर्नाटक
(c) केरल   (d) झारखण्ड

163. किस क्षेत्र में सहकारी इकाइयों ने तीव्र गति से विकास किया है?
(a) चीनी उद्योग
(b) सूती वस्त्र उद्योग
(c) सीमेंट उद्योग
(d) जूट उद्योग

164. भारत का सबसे महत्त्वपूर्ण लघु-उद्योग कौन-सा है?
(a) गुड़ एवं खांडसारी उद्योग
(b) चमड़ा उद्योग
(c) बर्तन निर्माण उद्योग
(d) हथकरघा उद्योग

165. गन्ने की पिराई से कुल गन्ने के वजन का लगभग कितना प्रतिशत चीनी प्राप्त की जाती है?
(a) 5%   (b) 10%
(c) 20%   (d) 30%

166. चीनी उत्पादन में भारत का विश्व में स्थान है?
(a) प्रथम   (b) द्वितीय
(c) तृतीय   (d) चतुर्थ

167. देश में चीनी मिलों की सर्वाधिक संख्या किस राज्य में है?
(a) उत्तर प्रदेश   (b) महाराष्ट्र
(c) तमिलनाडु   (d) राजस्थान

168. निम्नलिखित में से कौन-सा स्थान पेट्रो रसायन से सम्बन्धित है?
(a) कोरबा   (b) नेपानगर
(c) कोयली   (d) नासिक

169. भारत में सबसे बड़ी तेलशोधनशाला कहाँ स्थित है?
(a) बरौनी   (b) जामनगर
(c) मुम्बई   (d) कोयली

170. मध्य प्रदेश में नेपानगर किसके लिए प्रसिद्ध है?
(a) वस्त्र उद्योग
(b) अखबारी कागज
(c) हौजरी   (d) वनस्पति तेल

171. भारत में बड़ी इलायची का अधिकतम उत्पादन किस राज्य में होता है?
(a) सिक्किम
(b) मेघालय
(c) असम
(d) अरुणाचल प्रदेश

172. फिरोजाबाद किसके लिए प्रसिद्ध है?
(a) वस्त्र सामग्री
(b) सिलाई मशीन
(c) कृत्रिम रेशम
(d) काँच की चूड़ियाँ

173. कौन तेलशोधनशाला खनिज तेल क्षेत्र के समीप ही स्थापित की गयी है?
(a) विशाखापत्तनम   (b) बरौनी
(c) भूनमाटी   (d) मथुरा

174. भारत में प्रथम कागज उद्योग का सफल कारखाना कहाँ लगाया गया?
(a) ट्रंकवार   (b) बालीगंज
(c) लखनऊ   (d) सीरामपुर

175. इकोमार्क किसी उत्पाद पर दिये गये इस प्रमाणन का चिह्न होता है कि वह उत्पाद–
(a) किफायती कीमत वाला है
(b) पर्यावरणीय दृष्टि से अनुकूल है
(c) नष्ट होने वाला नहीं है
(d) अच्छी किस्म का है

176. 'इलेक्ट्रॉनिक सिटी' के नाम से किस नगर को जाना जाता है?
(a) गुड़गाँव   (b) बंगलौर
(c) जयपुर   (d) सलेम

177. भारत में कालीन प्रौद्योगिकी संस्थान कहाँ स्थित है?
(a) नागपुर   (b) पटना
(c) भदोही   (d) जोधपुर

178. भारत में कुल जनसंख्या का कितना प्रतिशत जनसंख्या कृषि कार्य में संलग्न है?
(a) 50%   (b) 58%
(c) 64%   (d) 70%

179. वर्तमान में भारत के सकल घरेलू उत्पाद में कृषि क्षेत्र का योगदान कितना है?
(a) 14%   (b) 26.1%
(c) 28%   (d) 20%

180. भारत की कुल भूमि का कितना प्रतिशत कृषि कार्यों में संलग्न है?
(a) 52.7%   (b) 56.3%
(c) 65.34%   (d) 70.7%

181. 1950–51 में भारत के सकल घरेलू में कृषि क्षेत्र का योगदान कितना था?
(a) 26.1%   (b) 28.1%
(c) 40.55%   (d) 55.40%

182. भारत में जोतों का औसत आकार क्या है?
(a) 1.55H   (b) 1.84H
(c) 2.30H   (d) 1.69H

183. भारत की कितनी प्रतिशत जोतें 1 हेक्टेयर या उससे छोटी है?
(a) 33%   (b) 56%
(c) 59%   (d) 86%

184. भारत में सीमान्त किसानों में कितनी धारिता वाले किसानों को सम्मिलित किया जाता है?
(a) 1H तक   (b) 2H तक
(c) 3H तक   (d) 4H तक

185. देश की प्रथम कृषिगणना कब की गयी थी?
(a) 1950 ई०   (b) 1960 ई०
(c) 1970 ई०   (d) 1991 ई०

186. किस समिति ने कृषि जोत पर कर लगाने की संस्तुति की थी?
(a) भूतलिंगम
(b) नायक समिति
(c) ज्ञान प्रकाश समिति
(d) राज समिति

187. भारत की कृषि भूमि का कितना प्रतिशत भाग सिंचित है?
(a) 1/3   (b) 1/4
(c) 1/2   (d) 1/9

188. भारत में सिंचाई का सबसे महत्त्वपूर्ण साधन है?
(a) नहरें   (b) कुएँ
(c) नलकूप   (d) तालाब

189. भारत में लगभग कितने प्रतिशत कृषि क्षेत्र में सिंचाई की सुविधा उपलब्ध है?
(a) 30%   (b) 32%
(c) 36%   (d) 38%

190. भारत में जोतों का औसत आकार घटने का क्या कारण है?
1. उत्तराधिकार का नियम
2. चकबंदी
3. कृषि का मंत्रीकरण
4. भूस्वामित्व की ललक
कूट:
(a) 1, 2, 3 एवं 4
(b) 1, 3 एवं 4
(c) 1 एवं 4
(d) 1 एवं 2

191. भारत में कुल कृषि का कितना भाग पूर्णत: वर्षा पर निर्भर रहता है?
(a) 50%   (b) 62%
(c) 67%   (d) 77%

192. कुल सिंचित भूमि का कितना हिस्सा नहरों द्वारा सिंचित है?
(a) 36%   (b) 50%
(c) 62%   (d) 70%

193. भारत में सिंचाई का सर्वप्रथम स्रोत है–
(a) नहरें
(b) तालाब
(c) कुआँ व नलकूप
(d) अन्य स्रोत

194. वृहत सिंचाई परियोजना के निर्धारण का आधार है?
(a) 5000H तक   (b) 10000H तक
(c) 15000H तक   (d) 20000H तक

195. दक्षिण-पश्चिम मानसून किस राज्य में सर्वप्रथम प्रवेश करता है?

(a) तमिलनाडु (b) महाराष्ट्र
(c) गोवा (d) केरल

196. भारत में हरित क्रांति किस क्षेत्र में सर्वाधिक सफल रही?
(a) गेहूँ और आलू
(b) गेहूँ और चावल
(c) गेहूँ और ज्वार
(d) चाय और कॉफी

197. भारत में हरित क्रांति का सर्वाधिक प्रभाव किस फसल पर पड़ा?
(a) गेहूँ (b) धान
(c) मक्का (d) ज्वार

198. हरित क्रांति के दौरान मोटे अनाजों और दलहन का उत्पादक–
(a) तेजी से बढ़ा (b) घटा
(c) अपरिवर्तित रहा (d) तीन गुना बढ़ा

199. भारत में हरित क्रांति के सूत्रधार माने जाते हैं?
(a) अमृता पटेल
(b) वर्गीज कुरियन
(c) नॉर्मन बोरलॉग
(d) एम०एस० स्वामीनाथन

200. भारत में हरित क्रांति की शुरुआत हुई–
(a) 1960-61 ई० में
(b) 1964-65 ई० में
(c) 1966-67 ई० में
(d) 1970-71 ई० में

201. ऑपरेशन फ्लड कार्यक्रम का प्रारम्भ कब हुआ था?
(a) 1957 ई० (b) 1970 ई०
(c) 1975 ई० (d) 1985 ई०

202. भारत में श्वेत क्रांति के सूत्रधार कौन थे?
(a) वर्गीज कुरियन
(b) नॉर्मन बोरलॉग
(c) एम०एस० स्वामीनायन
(d) अमृता पटेल

203. भारत में दूध की प्रति व्यक्ति दैनिक उपलब्धता कितनी है?
(a) 204 ग्राम (b) 210 ग्राम
(c) 317 ग्राम (d) 226 ग्राम

204. नीली क्रांति का सम्बन्ध निम्नलिखित में से किससे है?
(a) नील की कृषि
(b) मुर्गी पालन
(c) मत्स्य पालन
(d) पीने योग्य जल की उपलब्धता

205. एशिया में मत्स्य उत्पादक देशों में भारत का स्थान है–
(a) पहला (b) दूसरा
(c) तीसरा (d) चौथा

206. भारत में किस प्रकार के रासायनिक उर्वरक की खपत सर्वाधिक है?
(a) नाइट्रोजनी (b) फॉस्फेटिक
(c) पोटैशिक (d) तीनों बराबर

207. किस प्रकार के उर्वरकों की खपत देश में सर्वाधिक है?
(a) नाइट्रोजनी (b) फॉस्फेटिक
(c) पोटैशिक (d) तीनों बराबर

208. किस प्रकार के उर्वरकों की पूर्ति के लिए भारत पूर्णतः आयातों पर निर्भर है–
(a) नाइट्रोजनी
(b) फॉस्फेटिक
(c) पोटैशिक
(d) उपर्युक्त में से सभी

209. विश्व में उर्वरकों का सर्वाधिक प्रयोग कहाँ होता है?
(a) रूस (b) चीन
(c) अमेरिका (d) भारत

210. कुल उर्वरकों के प्रयोग में भारत का स्थान है–
(a) पहला (b) तीसरा
(c) चौथा (d) पाँचवाँ

211. भारत की मिट्टी में दो तत्त्वों की कमी उर्वरकों के उपयोग को अधिक आवश्यक बनाती हैं। ये दो तत्त्व हैं–
(a) नाइट्रोजन एवं लौह
(b) फॉस्फोरस एवं नाइट्रोजन
(c) ऐल्युमीनियम एवं लौह
(d) पोटैशियम एवं फॉस्फोरस

212. उर्वरक उत्पादन में भारत का विश्व में कौन-सा स्थान है?
(a) पहला (b) दूसरा
(c) तीसरा (d) चौथा

213. वर्तमान में भारत में नाइट्रोजनी, फॉस्फेटिक और पोटैशिक उर्वरकों के खपत का अनुपात है–
(a) 1:2.5:6.4   (b) 2.5:1.5:6.4
(c) 6.4:2.5:1   (d) 4:2:1

214. सबसे ज्यादा खाद्यान्न उत्पादक राज्य–
(a) उत्तर प्रदेश   (b) मध्य प्रदेश
(c) पंजाब   (d) हरियाणा

215. भारत में सर्वाधिक चावल उत्पादन किस राज्य में होता है?
(a) पंजाब   (b) पश्चिम बंगाल
(c) हरियाणा   (d) राजस्थान

216. भारत में दाल उत्पादन में प्रथम राज्य–
(a) मध्य प्रदेश   (b) उत्तर प्रदेश
(c) उड़ीसा   (d) महाराष्ट्र

217. मूँगफली उत्पादन में अग्रणी राज्य–
(a) गुजरात   (b) महाराष्ट्र
(c) तमिलनाडु   (d) आन्ध्र प्रदेश

218. भारत के किस राज्य में आलू का सर्वाधिक उत्पादन होता है?
(a) उत्तर प्रदेश   (b) बिहार
(c) पंजाब   (d) हरियाणा

219. सोयाबीन उत्पादन में भारत का प्रथम राज्य–
(a) उत्तर प्रदेश   (b) मध्य प्रदेश
(c) तेलंगाना   (d) तमिलनाडु

220. कपास उत्पादन में अग्रणी राज्य–
(a) गुजरात   (b) मध्य प्रदेश
(c) महाराष्ट्र   (d) पंजाब

221. तिलहन उत्पादन में अग्रणी राज्य–
(a) मध्य प्रदेश   (b) राजस्थान
(c) गुजरात   (d) महाराष्ट्र

222. गन्ना उत्पादन में अग्रणी राज्य–
(a) उत्तर प्रदेश   (b) महाराष्ट्र
(c) कर्नाटक   (d) तमिलनाडु

223. मोटा अनाज उत्पादन में देश में प्रथम राज्य–
(a) राजस्थान   (b) कर्नाटक
(c) आंध्र प्रदेश   (d) हरियाणा

224. अरहर (तूर) उत्पादन में अग्रणी राज्य–
(a) महाराष्ट्र   (b) मध्य प्रदेश
(c) कर्नाटक   (d) पश्चिम बंगाल

225. चना उत्पादन में अग्रणी राज्य–
(a) मध्य प्रदेश   (b) राजस्थान
(c) तमिलनाडु   (d) पंजाब

226. जूट और मेस्ता के उत्पादन में अग्रणी राज्य है–
(a) पश्चिम बंगाल   (b) बिहार
(c) असम   (d) हरियाणा

227. तम्बाकू उत्पादन में अग्रणी राज्य–
(a) आंध्र प्रदेश   (b) गुजरात
(c) कर्नाटक   (d) तेलंगाना

228. रबर के उत्पादन में अग्रणी राज्य–
(a) केरल   (b) तमिलनाडु
(c) कर्नाटक   (d) महाराष्ट्र

229. चाय उत्पादन में देश में प्रथम स्थान किसका है?
(a) असम   (b) पश्चिम बंगाल
(c) तमिलनाडु   (d) उत्तराखण्ड

230. काजू उत्पादन में देश का अग्रणी राज्य कौन है?
(a) महाराष्ट्र   (b) आंध्र प्रदेश
(c) ओडिशा   (d) कर्नाटक

231. कॉफी उत्पादन में देश का अग्रणी राज्य–
(a) कर्नाटक   (b) केरल
(c) तमिलनाडु   (d) महाराष्ट्र

232. फल उत्पादन में देश का प्रथम राज्य–
(a) आंध्र प्रदेश   (b) महाराष्ट्र
(c) गुजरात   (d) उत्तर प्रदेश

233. सब्जी उत्पादन में देश का प्रथम राज्य–
(a) पश्चिम बंगाल   (b) उत्तर प्रदेश
(c) बिहार   (d) असम

234. सूरजमुखी उत्पादन में देश में प्रथम स्थान है–
(a) कर्नाटक   (b) आंध्र प्रदेश
(c) ओडिशा   (d) उत्तर प्रदेश

235. सरसों उत्पादन में देश का अग्रणी राज्य है–
(a) राजस्थान   (b) मध्य प्रदेश
(c) हरियाणा   (d) उत्तर प्रदेश

236. भारत में मसालों के उत्पादन में प्रथम स्थान है–
(a) केरल   (b) कर्नाटक
(c) तमिलनाडु   (d) बिहार

237. भारत की प्रमुख खाद्य 'फसल' है–

(a) चावल   (b) गेहूँ
(c) गन्ना   (d) चना

238. भारत में सर्वाधिक उत्पादन होता है–
(a) कॉफी का   (b) तम्बाकू का
(c) तिलहन का   (d) गेहूँ का

239. चाय निर्यात में विश्व का अग्रणी उत्पादन किस देश में होता है?
(a) भारत   (b) चीन
(c) केन्या   (d) श्रीलंका

240. विश्व में नारियल का सर्वाधिक उत्पादक देश है-
(a) भारत   (b) चीन
(c) इण्डोनेशिया   (d) मलेशिया

241. विश्व में कॉफी का अधिकतम उत्पादक देश है-
(a) चीन   (b) ब्राजील
(c) मैक्सिको   (d) कोलम्बिया

242. चाय उत्पादक देशों में भारत किस स्थान पर है?
(a) पहला   (b) दूसरा
(c) तीसरा   (d) चौथा

243. मोटे अनाज के उत्पादन में विश्व में अग्रणी देश-
(a) भारत   (b) चीन
(c) रूस   (d) जापान

244. विश्व में रेशम उत्पादन के मामले में अग्रणी राष्ट्र कौन है?
(a) भारत   (b) चीन
(c) जापान   (d) दक्षिण कोरिया

245. विश्व में गेहूँ का सर्वाधिक उत्पादन करता है-
(a) अमेरिका   (b) चीन
(c) भारत   (d) कनाडा

246. विश्व में मक्का का सर्वाधिक उत्पादक देश-
(a) अमेरिका   (b) अर्जेण्टीना
(c) कनाडा   (d) ऑस्ट्रेलिया

247. विश्व में दलहन का सर्वाधिक उत्पादक देश-
(a) भारत   (b) चीन
(c) अमेरिका   (d) कनाडा

248. विश्व में गन्ना का सर्वाधिक उत्पादन किस देश में होता है?

(a) ब्राजील   (b) भारत
(c) क्यूबा   (d) रूस

249. विश्व में जूट के उत्पादन में प्रथम स्थान किस देश का है?
(a) भारत   (b) बांग्लादेश
(c) चीन   (d) म्यांमार

250. विश्व में कपास का अधिकतम उत्पादक देश कौन है?
(a) चीन   (b) भारत
(c) यूक्रेन   (d) मंगोलिया

251. विश्व में सोयाबीन का अधिकतम उत्पादक देश है-
(a) भारत   (b) USA
(c) कनाडा   (d) ब्राजील

252. विश्व में रबड़ का सर्वाधिक उत्पादक देश कौन है?
(a) थाइलैंड   (b) भारत
(c) ब्राजील   (d) इण्डोनेशिया

253. विश्व में तम्बाकू का सर्वाधिक उत्पादक देश कौन है?
(a) चीन   (b) भारत
(c) ब्राजील   (d) कनाडा

254. विश्व में काजू का सर्वाधिक उत्पादक देश कौन है?
(a) चीन   (b) भारत
(c) वियतनाम   (d) मलेशिया

255. केला के उत्पादन में विश्व का अग्रणी देश है–
(a) भारत   (b) चीन
(c) ब्राजील   (d) मलेशिया

256. भारत अपने कुल घरेलू कॉफी उत्पादन का कितना प्रतिशत हिस्सा विदेशों में निर्यात कर देता है?
(a) 40%   (b) 50%
(c) 60%   (d) 80%

257. भारत अपने कुल चाय उत्पादन का कितना हिस्सा निर्यात कर देता है?
(a) 25%   (b) 40%
(c) 45%   (d) 50%

258. अण्डा उत्पादन में विश्व का अग्रणी देश है—
(a) अमरीका   (b) चीन
(c) भारत   (d) ब्राजील

259. विश्व का सबसे बड़ा अफीम उत्पादक देश कौन है?
(a) म्यांमार (b) लाओस
(c) ईरान (d) अफगानिस्तान

260. विश्व में चीनी का सबसे बड़ा उत्पादक देश है?
(a) भारत (b) चीन
(c) ब्राजील (d) क्यूबा

261. भारत में किस फल की कृषि सर्वाधिक क्षेत्रफल में होती है?
(a) केला (b) आम
(c) लीची (d) कटहल

262. भारत में आलू 16वीं शताब्दी में कहाँ से आया?
(a) यूनान से (b) हालैंड से
(c) पुर्तगाल से (d) ब्रिटेन से

263. सर्वप्रथम 'आलू अनुसंधान संस्थान' कहाँ स्थापित किया गया?
(a) पटना (b) शिमला
(c) वाराणसी (d) देहरादून

264. भारत में कितने प्रतिशत भूमि पर वनों का विस्तार है?
(a) 18.3% (b) 19.5%
(c) 23.03% (d) 25.5%

265. सर्वाधिक वन क्षेत्र किस राज्य में है?
(a) मध्य प्रदेश
(b) छत्तीसगढ़
(c) अरुणाचल प्रदेश
(d) असम

266. राज्य के कुल भौगोलिक क्षेत्र के प्रतिशत के रूप में न्यूनतम वन क्षेत्र है–
(a) पंजाब (b) हरियाणा
(c) गुजरात (d) राजस्थान

267. सर्वाधिक वन क्षेत्र प्रतिशत वाला राज्य–
(a) नागालैंड (b) मणिपुर
(c) मिजोरम (d) असम

268. केन्द्रशासित प्रदेशों में सर्वाधिक वन क्षेत्र प्रतिशत पाया जाता है–
(a) अण्डमान-निकोबार द्वीप समूह
(b) दमन एवं दीव
(c) पाण्डिचेरी
(d) दादरा एवं नगर हवेली

269. केन्द्रशासित प्रदेशों में न्यूनतम वन क्षेत्र प्रतिशत पाया जाता है–
(a) दादरा व नागर हवेली
(b) पाण्डिचेरी
(c) दमन एवं दीव
(d) लक्षद्वीप

270. 'झूम कृषि' के अन्तर्गत भूमि का सबसे ज्यादा प्रतिशत किस राज्य में है?
(a) नागालैंड (b) त्रिपुरा
(c) मिजोरम (d) मध्य प्रदेश

271. भारत में चंदन की लकड़ी के सर्वाधिक वन कहाँ पाये जाते हैं?
(a) असम की पहाड़ियों में
(b) शिवालिक की पहाड़ियों में
(c) नीलगिरि की पहाड़ियों में
(d) सतपुड़ा की पहाड़ियों में

272. 'कृषि लागत एवं मूल्य आयोग' कहाँ स्थित है?
(a) मुम्बई (b) नई दिल्ली
(c) पुणे (d) चेन्नई

273. कृषि उपज के लिए न्यूनतम समर्थन मूल्य की घोषणा की जाती है–
(a) योजना आयोग
(b) राष्ट्रीय किसान आयोग
(c) भारतीय खाद्य निगम
(d) कृषि लागत एवं मूल्य आयोग

274. मुम्बई स्टॉक एक्सचेंज (B.S.E.) का संवेदी मूल्य सूचकांक कितनी कम्पनियों के शेयर मूल्यों पर आधारित है?
(a) 15 (b) 30
(c) 60 (d) 100

275. 'जीवन बीमा निगम' की कौन-सी पॉलिसी विशेषत: बच्चों के हित में नहीं है?
(a) जीवन किशोर (b) जीवन सुकन्या
(c) जीवन छाया (d) जीवन सुरक्षा

276. 'फ्री ट्रेड टुडे' पुस्तक के लेखक हैं–
(a) पी०एन० भगवती
(b) जगदीश भगवती
(c) सी० रंगराजन
(d) जे०एम० लिंग्दोह

277. 'दास कैपिटल' किसकी प्रसिद्ध पुस्तक है?
(a) एडम स्मिथ (b) कार्ल मॉर्क्स
(c) गुन्नार मिर्डल (d) जोसेफ स्टालिन

278. 'वेल्थ ऑफ नेशंस' पुस्तक के लेखक कौन हैं?
(a) एडम स्मिथ   (b) मार्शल
(c) पीगू   (d) कीन्स

280. 'समर्थन मूल्य' का क्या अर्थ है?
(a) सरकार द्वारा मूल्य पर दी गयी सहायता
(b) न्यूनतम विक्रय मूल्य
(c) न्यूनतम वि०मू० जिस पर सरकार क्रय करने का आश्वासन देती है
(d) सूखा एवं बाढ़ की स्थिति में कृषकों को दी गयी राशि

281. कितने फसलों को 'न्यूनतम समर्थन मूल्य' के अंदर रखा गया है?
(a) 25   (b) 26
(c) 27   (d) 28

282. 'कृषि लागत एवं मूल्य आयोग' की स्थापना कब हुई?
(a) 1960 ई०   (b) 1965 ई०
(c) 1966 ई०   (d) 1969 ई०

283. 'शंकरलाल गुरु समिति' का सम्बन्ध किससे है?
(a) कृषि विपणन
(b) कृषि उत्पादन
(c) सार्वजनिक वितरण प्रणाली
(d) कृषि निर्यात

284. एगमार्क है–
(a) अण्डा उत्पादन हेतु एक संस्था
(b) कृषि उत्पादों में मंडीकरण हेतु कृषकों की संस्था
(c) खाद्य वस्तुओं के लिए गुणवत्ता आश्वासन मुहर
(d) उपभोक्ता वस्तुओं के लिए गुणवत्ता आश्वासन मुहर

285. कृषि या घरेलू आवश्यकताओं की पूर्ति के लिए कितनी अवधि हेतु अल्पकालिक ऋण दिया जाता है?
(a) 15 माह से कम
(b) 15 माह से 5 वर्ष
(c) 5 वर्ष से अधिक
(d) 20 वर्ष तक

286. 'मध्यकालिक कृषि ऋण' की अवधी होती है–
(a) 15 माह तक
(b) 15 माह से 5 वर्ष तक

(c) 5 वर्ष से 10 वर्ष तक
(d) 10 वर्ष से अधिक

287. 'दीर्घकालिक कृषि ऋण' किस अवधि के लिए प्रदत्त किया जाता है?
(a) 5 वर्ष से अधिक
(b) 10 वर्ष से अधिक
(c) 15 वर्ष से अधिक
(d) 20 वर्ष से अधिक

288. 'किसान क्रेडिट कार्ड (KCC) योजना' कब प्रारम्भ की गयी?
(a) 1947-1998   (b) 1998-1999
(c) 1999-2000   (d) 2000-2001

289. 'किसान कॉल सेन्टर' तथा 'कृषि चैनल' का शुभारम्भ कब किया गया?
(a) जनवरी 2001   (b) जनवरी 2002
(c) जनवरी 2003   (d) जनवरी 2001

290. 'राष्ट्रीय किसान आयोग' का मुख्यालय कहाँ स्थित है?
(a) नई दिल्ली   (b) लखनऊ
(c) देहरादून   (d) सूरतगढ़

291. 'राष्ट्रीय किसान आयोग' का गठन कब किया गया?
(a) 2003 जनवरी   (b) 2003 अप्रैल
(c) 2003 अक्टूबर   (d) 2004 जनवरी

292. 'नई राष्ट्रीय कृषि नीति' का वर्णन किस रूप में किया गया है?
(a) सुनहरी क्रांति
(b) इन्द्रधनुषी क्रांति
(c) खाद्यान्न शृंखला क्रांति
(d) रजत क्रांति

293. 'इन्द्रधनुषी क्रांति' में सम्मिलित है–
(a) हरित क्रांति
(b) श्वेत क्रांति
(c) खाद्यान्न शृंखला क्रांति
(d) उपर्युक्त में से सभी

294. केन्द्रीय कृषि मंत्रालय द्वारा 'व्यापक फसल बीमा योजना' कब प्रारम्भ किया गया?
(a) अप्रैल 1973   (b) अप्रैल 1985
(c) अप्रैल 1987   (d) अप्रैल 1988

295. 'राष्ट्रीय कृषि बीमा योजना' किस वर्ष लागू की गयी?
(a) 1997-98   (b) 1998-99
(c) 1999-2000   (d) 2000-2001

296. भूमिहीन कृषकों एवं श्रमिकों को रोजगार उपलब्ध कराने हेतु कौन-सा कार्यक्रम प्रारम्भ किया गया?
(a) RLEGP   (b) MFAL
(c) SEEUY   (d) NFRD

297. 'राष्ट्रीय कृषि बीमा योजना' किसके द्वारा प्रायोजित है?
(a) UTI
(b) LIC
(c) GI
(d) इनमें से कोई नहीं

298. 'राष्ट्रीय खाद्य सुरक्षा मिशन' के अंतर्गत कौन-सी फसलें सम्मिलित हैं?
(a) गेहूँ, चावल, बाजरा
(b) चावल, गन्ना, मक्का
(c) गेहूँ एवं सस्ते अनाज
(d) गेहूँ, चावल एवं दालें

299. निम्न में से कौन राष्ट्रीय खाद्यान्न सुरक्षा मिशन में सम्मिलित नहीं है?
(a) गेहूँ   (b) तिहलन
(c) चावल   (d) दलहन

300. भारतीय 'हरित-क्रांति' की जन्मस्थली है?
(a) पंतनगर   (b) बंगलौर
(c) कानपुर   (d) दिल्ली

301. भारत में मुख्य कृषि पदार्थ आयात मद है–
(a) दालें   (b) कॉफी
(c) चीनी   (d) खाने योग्य तेल

302. एन०ए०एफ०ई०डी० सम्बन्धित है–
(a) पशुपालन से
(b) ईंधन की बचत से
(c) कृषि विपणन से
(d) कृषि उपकरण से

303. किसी फॉर्म के चल लागत पूँजी में निम्नलिखित में से क्या शामिल है?
(a) बीज   (b) उर्वरक
(c) सिंचाई जल   (d) भूमि-राजस्व

304. भारत में कौन-सी कृषि वित्त का स्रोत नहीं है?
(a) सहकारी समितियाँ
(b) व्यापारिक बैंक
(c) क्षेत्रीय ग्रामीण बैंक
(d) इनमें से कोई नहीं

305. निम्नलिखित में से कौन ग्रामीण अर्थव्यवस्था में अंशदान नहीं देता है?
(a) पशुपालन
(b) कुटीर उद्योग
(c) निजी धन उधार देने का प्रचलन
(d) अच्छे उपकरणों की उपलब्धता

306. हाल के वर्षों में निम्न में से कौन कृषि तथा सम्बन्धित क्रियाओं हेतु सबसे कम संस्थागत साख प्रदान कर रहा है?
(a) वाणिज्यिक बैंक
(b) विदेशी निजी बैंक
(c) सहकारी बैंक
(d) क्षेत्रीय ग्रामीण बैंक

307. 'भारतीय चरागाह' एवं 'चारा अनुसंधान संस्थान' स्थित है–
(a) बहराइच में   (b) राँची में
(c) झाँसी में   (d) पटना में

308. 'केन्द्रीय खाद्य तकनीकि अनुसंधान संस्थान' स्थित है–
(a) बेंगलूर में   (b) मैसूर में
(c) चेन्नई में   (d) हैदराबाद में

309. 'नेशनल एकेडमी ऑफ एग्रीकल्चरल रिसर्च मैनेजमेंट' स्थित है–
(a) नई दिल्ली में   (b) हैदराबाद में
(c) नागपुर में   (d) नैनीताल में

310. कृषि उत्पादों की माँग पाई जाती है–
(a) लचीली   (b) शून्य लचीली
(c) स्थायकत्वहीन   (d) अनंत लचीली

311. भारत में मुख्य कृषि पदार्थ आयात मद है–
(a) दालें   (b) कॉफी
(c) चीनी   (d) खाने योग्य तेल

312. निर्यात हेतु आम की प्रजाति है–
(a) दशहरी   (b) लंगड़ा
(c) अलफांसो   (d) आम्रपाली

313. 'पीली क्रांति' सम्बन्धित है–
(a) पुष्पोत्पादन
(b) मछली पालन
(c) सरसों उत्पादन
(d) गेहूँ उत्पादन

314. विश्व में 'हरित क्रांति' के जनक हैं–
(a) बोरलॉग
(b) एम०एस० स्वामीनाथन

(c) जी०एस० खुश
(d) बी०पी० पाल

315. भारतीय रेल में कितने प्रकार की रेलवे लाईन है?
(a) 3 (b) 2
(c) 1 (d) 2

316. भारतीय रेलवे में किस प्रकार के रेलवे लाईन का प्रयोग किया जाता है?
(a) ब्रॉड गेज
(b) मीटर गेज
(c) नैरो गेज
(d) इनमें से कोई नहीं

317. भारतीय रेलवे कितने जोन में विभाजित है?
(a) 7 (b) 16
(c) 17 (d) 15

318. भारत में प्रथम रेलवे लाइन कब बिछायी गयी थी?
(a) 1835 ई० (b) 1851 ई०
(c) 1853 ई० (d) 1854 ई०

319. भारत में प्रथम रेलवे लाईन का निर्माण कहाँ हुआ था?
(a) मुम्बई और थाणे के बीच
(b) हावड़ा और सेरामपुर के बीच
(c) चेन्नई और गुन्टूर के बीच
(d) दिल्ली और आगरा के बीच

320. भारतीय रेलवे का विश्व में कौन-सा स्थान है?
(a) प्रथम (b) द्वितीय
(c) तृतीय (d) चतुर्थ

321. विश्व का 'सबसे लम्बा रेलवे प्लेटफार्म' कहाँ है?
(a) सोनपुर (b) खड्गपुर
(c) गोरखपुर (d) मास्को

322. भारतीय रेलवे का पहिया एवं धुरी कारखाना कहाँ स्थित है?
(a) बंगलौर (b) कपूरथला
(c) वाराणसी (d) बड़ौदरा

323. 'भारत वैगन एवं इंजीनियरिंग कंपनी लि०' कहाँ स्थित है?
(a) मधेपुरा (b) जमालपुर
(c) हरनौत (d) मोकामा

324. विश्व का सबसे लंबा रेलमार्ग है–
(a) ब्यूनस आयर्स-वालपैरासो
(b) लेनिनग्राद-ब्लाडीवोस्टोक
(c) लेनिनग्राड-वोल्गोग्राड
(d) केपटाऊन-काहिरा

325. रेल मंत्रालय की बुलेट ट्रेन चलाने की योजना है–
(a) मुम्बई-अहमदाबाद
(b) मुम्बई-हैदराबाद
(c) मुम्बई-नई दिल्ली
(d) मुम्बई-पुणे

326. भारत में यात्री यातायात में सड़क यातायात का हिस्सा लगभग कितना है?
(a) 20% (b) 40%
(c) 60% (d) 80%

327. राष्ट्रीय राजमार्गों की लम्बाई कुल सड़क मार्ग का कितना है?
(a) 2% (b) 4%
(c) 5% (d) 40%

328. सबसे ज्यादा सड़क मार्ग की लम्बाई कहाँ है?
(a) महाराष्ट्र (b) उत्तर प्रदेश
(c) मध्य प्रदेश (d) राजस्थान

329. निम्नलिखित में से कौन-सा नगर स्वर्णिम चतुर्भुज पर नहीं है?
(a) अजमेर (b) जबलपुर
(c) अहमदाबाद (d) गया

330. कौन-सा राष्ट्रीय राजमार्ग नागपुर को कन्यापुर से जोड़ता है?
(a) NH-6 (b) NH-7
(c) NH-46 (d) NH-47

331. उत्तर-दक्षिण गलियारा परियोजना किन्हें आपस में जोड़ेगी?
(a) दिल्ली को मदुरै से
(b) दिल्ली को कन्याकुमारी से
(c) श्रीनगर को कन्याकुमारी से
(d) श्रीनगर को तिरुअनंतपुरम से

332. 'प्रधानमंत्री ग्राम सड़क योजना' किस वर्ष प्रारंभ हुई?
(a) 1995 (b) 2000
(c) 2001 (d) 2002

333. सड़कों की कुल लम्बाई के हिसाब से विश्व में भारत का कौन-सा स्थान है?
(a) पहला (b) दूसरा
(c) तीसरा (d) चौथा

334. वर्तमान में भारत में राष्ट्रीय राजमार्ग की संख्या कितनी है?
(a) 71 (b) 75
(c) 77 (d) 178

335. भारत में राष्ट्रीय राजमार्ग की कुल लम्बाई कितनी है?
(a) 43125 किमी (b) 49167 किमी
(c) 58112 किमी (d) 65517 किमी

336. भारत में राष्ट्रीय जलमार्गों की संख्या कितनी है?
(a) 3 (b) 6
(c) 10 (d) 100 से अधिक

337. रासायनिक उत्पादों के आयात-निर्यात हेतु भारत का प्रथम 'रसायन बंदरगाह' कहाँ स्थापित किया जा रहा है?
(a) गोपालपुर (b) काकीनाड़
(c) दाहेज (d) सिक्का

338. 'एन्नौर बन्दरगाह' का विकास किस बन्दरगाह पर बढ़ते दबाव को कम करने के लिए किया गया है?
(a) कोच्चि (b) काण्डला
(c) चेन्नई (d) विशाखापत्तनम

339. बैलाड़ीला से प्राप्त लौह अयस्क किस बन्दरगाह से निर्यात किया जाता है?
(a) पारादीप (b) कोलकाता
(c) विशाखापत्तनम (d) चेन्नई

340. 'जवाहरलाल नेहरू बन्दरगाह' कहाँ स्थित है?
(a) मुम्बई (b) कोलकाता
(c) चेन्नई (d) काण्डला

341. 'कोच्चि बंदरगाह' स्थित है-
(a) कोंकण तट पर
(b) उत्तरी सरकार तट पर
(c) मालाबार तट पर
(d) कोरोमण्डल तट पर

342. भारत का सबसे बड़ा बन्दरगाह है-
(a) विशाखापत्तनम (b) मुम्बई
(c) तूतीकोरिन (d) काण्डला

343. भारत में सूती वस्त्र एवं मशीनरी का सर्वाधिक निर्यात निम्न में से किस बन्दरगाह से होता है?
(a) मुम्बई (b) कोलकाता
(c) काण्डला (d) चेन्नई

344. निम्नलिखित में से कौन-सा एक कृत्रिम पोताश्रय है?
(a) कोच्चि (b) कोलकाता
(c) काण्डला (d) चेन्नई

345. देश का सबसे गहरा बन्दरगाह है-
(a) काण्डला (b) कोच्चि
(c) कोलकाता (d) विशाखापत्तनम

346. कोझीकोड बन्दरगाह कहाँ स्थित है?
(a) उड़ीसा (b) केरल
(c) आन्ध्र प्रदेश (d) तमिलनाडु

347. दक्षिण एशिया का 'सबसे बड़ा माल भारत पत्तन' है-
(a) कोलम्बो (b) कराची
(c) मुम्बई (d) कोलकाता

348. देश का पहला 'कारपोरेट पत्तन' कौन है?
(a) मुम्बई (b) पारादीप
(c) तूतीकोरिन (d) एन्नौर

349. विश्व में सेलफोन का सबसे बड़ा उत्पादक देश है-
(a) सं०रा०अ० (b) चीन
(c) जापान (d) कोरिया

350. 'वर्ल्ड वाइड वेब' को सृजित करने का श्रेय किसे है?
(a) बॉव कान
(b) रॉबर्ट मॉरिस
(c) टिम बरनर्स ली
(d) माइकल डेरटूअस

351. भारत में 'नई सड़क नीति' कब लायी गयी?
(a) 1995 (b) 1997
(c) 1999 (d) 2000

352. भारत सरकार को अधिकतम कर आय प्राप्त होता है-
(a) निगम कर
(b) आयकर
(c) आयात शुल्क
(d) केन्द्रीय उत्पाद शुल्क

353. मॉडवेट (MODVAT) का सम्बन्ध है-
(a) व्यापार कर से
(b) सम्पत्ति कर से
(c) आयकर से
(d) केन्द्रीय आबकारी से

354. 'राजकोषीय घाटे' और 'बजटीय घाटे' का अंतर किसके बराबर होता है?
(a) सार्वजनिक ऋण
(b) राजस्व घाटा
(c) प्राथमिक घाटा
(d) मूल्य ह्रास

355. भारत सरकार के बजट के कुल घाटे में किस घाटे का सबसे अधिक योगदान है?
(a) प्राथमिक घाटा
(b) राजकोषीय घाटा
(c) राजस्व घाटा
(d) आय व्ययक घाटा

356. केन्द्र सरकार के बजट के चालू खाते में व्यय की सबसे बड़ी मद है–
(a) प्रतिरक्षा व्यय
(b) परिदान
(c) ब्याज भुगतान
(d) सामाजिक योजनाओं पर व्यय

357. वार्षिक वित्तीय विवरण (बजट) संसद के दोनों सदनों के समक्ष पहुँचाया जाता है–
(a) राष्ट्रपति के द्वारा
(b) अध्यक्ष के द्वारा
(c) उपराष्ट्रपति के द्वारा
(d) वित्त मंत्री के द्वारा

358. भारत में 'शून्य आधारित बजट' कब अस्तित्व में आया?
(a) चौथी पंचवर्षीय योजना
(b) छठी पंचवर्षीय योजना
(c) सातवीं पंचवर्षीय योजना
(d) नौवीं पंचवर्षीय योजना

359. भारत में सर्वप्रथम किस राज्य में शून्य आधारित बजट तकनीक को अपनाया गया?
(a) तमिलनाडु (b) आन्ध्र प्रदेश
(c) कर्नाटक (d) केरल

360. शून्य आधारित बजट तकनीक किस देश की देन मानी जाती है?
(a) सं०रा०अ० (b) ब्रिटेन
(c) फ्रांस (d) भारत

361. भारत का वित्तीय वर्ष प्रारम्भ होता है–
(a) 1 जनवरी (b) 1 मार्च
(c) 1 अप्रैल (d) 1 दिसम्बर

362. वार्षिक आर्थिक समीक्षा को तैयार कौन करता है?
(a) योजना मंत्रालय
(b) वित्त मंत्रालय
(c) भारतीय रिजर्व बैंक
(d) केन्द्रीय सांख्यिकीय संगठन

363. भारत में राजकोषीय नीति निर्धारित करता है–
(a) नीति आयोग
(b) वित्त आयोग
(c) वित्त मंत्रालय
(d) भारतीय रिजर्व बैंक

364. किसने भारत में पहली बार 'व्यय कर' लगाने का सुझाव दिया था?
(a) कलेरकी ने (b) कॉल्डॉर ने
(c) आर० चेलैया (d) गौतम माथुर ने

365. निम्नांकित में से कौन वित्त मंत्रालय का एक विभाग नहीं है?
(a) व्यय (b) राजस्व
(c) बैंकिंग विभाग (d) आर्थिक मामला

366. निम्नांकित में से किस पर कोई आय कर छूट नहीं है?
(a) किसान विकास पत्र
(b) राष्ट्रीय बचत पत्र
(c) लोक भविष्य निधि
(d) यूनिट लिंक्ड इंश्योरेंस योजना

367. निम्नलिखित में से कौन-सा कर भारत सरकार द्वारा नहीं लिया जाता है?
(a) सेवा कर (b) शिक्षा कर
(c) सीमा कर (d) मार्ग कर

368. भारत में 'कर-राष्ट्रीय उत्पाद' अनुपात है लगभग–
(a) 7.5% (b) 10.0%
(c) 15.0% (d) 20.0%

369. भारत में संघीय बजटों में निम्न में से कौन-सी रकम सबसे अधिक होती है?
(a) योजना व्यय
(b) गैर-योजना व्यय
(c) रेवेन्यू व्यय
(d) पूँजी व्यय

370. केन्द्रीय बजट में 'राजस्व व्यय' की सबसे बड़ी मद होती है–
(a) रक्षा व्यय
(b) मुख्य उपादान
(c) ब्याज की अदायगी
(d) राज्यों को अनुदान

371. 'केलकर टास्क फोर्स' का सम्बन्ध है–
(a) व्यापार से
(b) बैंकिंग से
(c) विदेशी निवेश से
(d) करों से

372. '14वें वित्त आयोग' द्वारा केन्द्रीय कर राजस्व को राज्यों में कितने प्रतिशत बाँटने हेतु संस्तुति की गयी है?
(a) 32% (b) 42%
(c) 32.5% (d) 42.5%

373. यदि प्राथमिक घाटे में ब्याज भुगतान को सम्मिलित कर लिया जाये तो, यह बराबर होता है–
(a) बजट घाटे के
(b) राजकोषीय घाटे
(c) घाटे की वित्त व्यवस्था से
(d) आगम घाटे के

374. किस कर का आरोपण केन्द्र सरकार करता है, किन्तु संग्रह और विनियोजन राज्य करते हैं–
(a) स्टाम्प शुल्क
(b) यात्री और माल कर
(c) संपदा शुल्क
(d) समाचार पत्रों पर कर

375. भारत में योजना की अवधारणा कब स्वीकार की गयी?
(a) 1947 ई० (b) 1950 ई०
(c) 1951 ई० (d) 1952 ई०

376. भारत के लिए 'नियोजित अर्थव्यवस्था' नामक पुस्तक के लेखक कौन हैं?
(a) श्री मन्न नारायण
(b) श्री एम०एन० राय
(c) सर एम० विश्वेश्वरैया
(d) जयप्रकाश नारायण

377. भारत में योजना से सम्बन्धित सबसे पहला विचार प्रस्तुत करने का श्रेय किसे जाता है?
(a) जवाहरलाल नेहरू
(b) एम० विश्वेश्वरैया
(c) मुम्बई के उद्योगपतियों को
(d) श्री मन्न नारायण

378. 'सर्वोदय योजना' का प्रारूप किसके द्वारा तैयार किया गया था?
(a) आर्देशिर दलाल
(b) एम०एन० राय
(c) श्री मन्न नारायण
(d) जय प्रकाश नारायण

379. आर्थिक नियोजन विषय है–
(a) संघ सूची का
(b) राज्य सूची का
(c) समवर्ती सूची का
(d) किसी विशेष सूची में उल्लिखित नहीं है

380. पंचवर्षीय योजना का अन्तिम प्रारूप कौन प्रस्तुत करता है?
(a) राष्ट्रपति
(b) संसद
(c) राष्ट्रीय विकास परिषद्
(d) योजना आयोग

381. भारत में आर्थिक नियोजन का स्वरूप है–
(a) विकेन्द्रीकृत
(b) निर्देशात्मक
(c) समाजवादी और पूँजीवादी
(d) इनमें से सभी

382. स्वतंत्रता पूर्व डॉ० एम० विश्वेश्वरैया ने भारत में नियोजन की एक योजना प्रस्तुत की थी। उनकी यह योजना कितने वर्षीय थी?
(a) 5 वर्षीय (b) 7 वर्षीय
(c) 10 वर्षीय (d) 15 वर्षीय

383. भारत में 'गरीबी हटाओं' का नारा किस पंचवर्षीय योजना के अन्तर्गत दिया गया था?
(a) दूसरी (b) तीसरी
(c) पाँचवीं (d) नौवीं

384. 'प्रथम पंचवर्षीय योजना' किस मॉडल पर आधारित था?
(a) हेरॉड डोमर मॉडल
(b) सैम्यूलसन मॉडल
(c) महालनोविस मॉडल
(d) आगत-निर्गत मॉडल

385. द्वितीय पंचवर्षीय योजना किस मॉडल पर आधारित था?
(a) बी०एन० गाडगिल
(b) बी०के०आर०बी० मॉडल

(c) पी०सी०महालनोविस

(d) सी०एन० वकील

386. 'राष्ट्रीय विकास परिषद्' का गठन किस वर्ष किया गया था?

(a) 1947 में (b) 1948 में

(c) 1950 में (d) 1952 में

387. 'राष्ट्रीय विकास परिषद्' का अध्यक्ष होता है?

(a) प्रधानमंत्री (b) उपराष्ट्रपति

(c) वित्त मंत्री (d) योजना मंत्री

388. अन्तरराष्ट्रीय व्यापार का प्रमुख प्रहरी है–

(a) IMF (b) IBRD

(c) WTO (d) IFC

390. निम्नलिखित वर्गों में से किस वर्ग के देशों के साथ भारत का सर्वाधिक आयात (व्यापार) है?

(a) OECD

(b) OPEC

(c) पूर्वी यूरोप

(d) विकासशील देश

391. भारत में पहला एल०एन०जी० टर्मिनल कहाँ स्थापित किया गया है?

(a) विजाग (b) कोच्चि

(c) दाहेज (d) भुवनेश्वर

392. भारतीय चमड़े का सर्वाधिक निर्यात किस देश को किया जाता है?

(a) रूस (b) अमरीका

(c) इंग्लैंड (d) जर्मनी

393. भारत को अधिकतम विदेशी विनिमय किस मद से प्राप्त होता है?

(a) सॉफ्टवेयर

(b) रत्न एवं आभूषण

(c) चाय

(d) सूती वस्त्र

394. निजी क्षेत्र में देश का प्रथम निर्यात प्रोसेसिंग क्षेत्र कहाँ स्थापित किया गया था?

(a) कांडला (b) विशाखापत्तनम

(c) नोएडा (d) सूरत

395. 'नायक समिति' का सम्बन्ध किससे है?

(a) कुटीर उद्योग (b) लघु उद्योग

(c) भारी उद्योग (d) इनमें से सभी

396. 'आबिद हुसैन समिति' किस मंत्रालय द्वारा गठित की गयी थी?

(a) योजना आयोग (b) वित्त मन्त्रालय

(c) उद्योग मन्त्रालय (d) रक्षा मन्त्रालय

397. 'औद्योगिक रूग्णता' से सम्बन्धित समिति है?

(a) तिवारी समिति

(b) गोस्वामी समिति

(c) उपर्युक्त दोनों

(d) इनमें से कोई नहीं

398. 'सार्वजनिक वितरण प्रणाली' से सम्बन्धित समिति है–

(a) सोधानी समिति

(b) गोइपोरिया समिति

(c) वेणुगोपाल समिति

(d) मालेगान समिति

399. 'नरसिंहम रिपोर्ट' का सम्बन्ध किसके पुनर्गठन से है?

(a) आय कर (b) विक्रय कर

(c) बैंकिंग संस्थान (d) बीमा उद्योग

400. 'अप्रत्यक्ष कर' से सम्बन्धित समिति है–

(a) वान्चू समिति

(b) चेलैया समिति

(c) रेखी समिति

(d) सरकारिया समिति

1. (a)	**2.** (b)	**3.** (b)	**4.** (d)	**5.** (b)	**6.** (a)
7. (c)	**8.** (c)	**9.** (d)	**10.** (d)	**11.** (b)	**12.** (a)
13. (b)	**14.** (d)	**15.** (c)	**16.** (b)	**17.** (d)	**18.** (b)
19. (b)	**20.** (b)	**21.** (b)	**22.** (b)	**23.** (a)	**24.** (d)
25. (c)	**26.** (a)	**27.** (c)	**28.** (d)	**29.** (b)	**30.** (a)
31. (b)	**32.** (b)	**33.** (d)	**34.** (b)	**35.** (b)	**36.** (c)
37. (b)	**38.** (c)	**39.** (c)	**40.** (c)	**41.** (c)	**42.** (c)
43. (c)	**44.** (c)	**45.** (b)	**46.** (b)	**47.** (a)	**48.** (d)
49. (d)	**50.** (c)	**51.** (d)	**52.** (a)	**53.** (b)	**54.** (a)
55. (c)	**56.** (c)	**57.** (b)	**58.** (c)	**59.** (b)	**60.** (c)
61. (a)	**62.** (a)	**63.** (d)	**64.** (d)	**65.** (c)	**66.** (d)
67. (b)	**68.** (c)	**69.** (c)	**70.** (d)	**71.** (a)	**72.** (a)
73. (c)	**74.** (c)	**75.** (a)	**76.** (a)	**77.** (d)	**78.** (a)
79. (d)	**80.** (a)	**81.** (a)	**82.** (a)	**83.** (c)	**84.** (c)
85. (d)	**86.** (d)	**87.** (a)	**88.** (b)	**89.** (d)	**90.** (a)
91. (c)	**92.** (b)	**93.** (d)	**94.** (c)	**95.** (c)	**96.** (c)
97. (d)	**98.** (d)	**99.** (a)	**100.** (b)	**101.** (b)	**102.** (c)
103. (a)	**104.** (d)	**105.** (b)	**106.** (c)	**107.** (b)	**108.** (c)
109. (d)	**110.** (c)	**111.** (d)	**112.** (a)	**113.** (b)	**114.** (b)
115. (b)	**116.** (b)	**117.** (a)	**118.** (a)	**119.** (d)	**120.** (b)
121. (a)	**122.** (c)	**123.** (c)	**124.** (b)	**125.** (d)	**126.** (b)
127. (b)	**128.** (a)	**129.** (d)	**130.** (b)	**131.** (c)	**132.** (a)
133. (b)	**134.** (b)	**135.** (a)	**136.** (c)	**137.** (d)	**138.** (d)
139. (b)	**140.** (d)	**141.** (c)	**142.** (b)	**143.** (d)	**144.** (a)
145. (d)	**146.** (a)	**147.** (d)	**148.** (b)	**149.** (a)	**150.** (b)
151. (b)	**152.** (c)	**153.** (d)	**154.** (b)	**155.** (d)	**156.** (c)
157. (b)	**158.** (a)	**159.** (b)	**160.** (c)	**161.** (a)	**162.** (c)
163. (c)	**164.** (b)	**165.** (c)	**166.** (d)	**167.** (a)	**168.** (b)
169. (c)	**170.** (d)	**171.** (c)	**172.** (c)	**173.** (d)	**174.** (c)
175. (c)	**176.** (b)	**177.** (b)	**178.** (d)	**179.** (b)	**180.** (d)
181. (a)	**182.** (a)	**183.** (c)	**184.** (b)	**185.** (d)	**186.** (d)
187. (a)	**188.** (a)	**189.** (c)	**190.** (b)	**191.** (c)	**192.** (a)

193. (b)	194. (c)	195. (c)	196. (b)	197. (b)	198. (c)
199. (d)	200. (c)	201. (d)	202. (c)	203. (b)	204. (d)
205. (a)	206. (c)	207. (b)	208. (c)	209. (c)	210. (b)
211. (a)	212. (d)	213. (d)	214. (a)	215. (a)	216. (c)
217. (a)	218. (c)	219. (b)	220. (b)	221. (c)	222. (d)
223. (a)	224. (c)	225. (c)	226. (b)	227. (d)	228. (c)
229. (a)	230. (a)	231. (d)	232. (a)	233. (c)	234. (b)
235. (a)	236. (c)	237. (c)	238. (a)	239. (a)	240. (d)
241. (c)	242. (b)	243. (b)	244. (c)	245. (c)	246. (c)
247. (c)	248. (d)	249. (b)	250. (b)	251. (d)	252. (c)
253. (a)	254. (c)	255. (d)	256. (c)	257. (b)	258. (a)
259. (b)	260. (b)	261. (d)	262. (a)	263. (d)	264. (d)
265. (b)	266. (b)	267. (d)	268. (b)	269. (b)	270. (d)
271. (d)	272. (a)	273. (c)	274. (d)	275. (b)	276. (d)
277. (d)	278. (b)	279. (d)	280. (b)	281. (b)	282. (d)
283. (a)	284. (a)	285. (a)	286. (b)	287. (b)	288. (c)
289. (b)	290. (c)	291. (a)	292. (b)	293. (d)	294. (a)
295. (a)	296. (a)	297. (b)	298. (d)	299. (d)	300. (d)
301. (b)	302. (d)	303. (d)	304. (c)	305. (d)	306. (d)
307. (b)	308. (b)	309. (d)	310. (c)	311. (d)	312. (a)
313. (d)	314. (a)	315. (a)	316. (b)	317. (d)	318. (b)
319. (c)	320. (a)	321. (c)	322. (a)	323. (d)	324. (a)
325. (c)	326. (b)	327. (b)	328. (c)	329. (a)	330. (c)
331. (c)	332. (b)	333. (c)	334. (a)	335. (c)	336. (d)
337. (b)	338. (c)	339. (a)	340. (b)	341. (a)	342. (b)
343. (a)	344. (a)	345. (c)	346. (c)	347. (b)	348. (c)
349. (d)	350. (c)	351. (c)	352. (d)	353. (b)	354. (b)
355. (b)	356. (b)	357. (a)	358. (d)	359. (d)	360. (c)
361. (d)	362. (a)	363. (b)	364. (d)	365. (c)	366. (b)
367. (b)	368. (c)	369. (b)	370. (d)	371. (b)	372. (b)
373. (a)	374. (b)	375. (a)	376. (a)	377. (c)	378. (c)
379. (a)	380. (c)	381. (d)	382. (c)	383. (a)	384. (a)
385. (d)	386. (d)	387. (a)	388. (b)	389. (b)	390. (b)
391. (c)	392. (d)	393. (d)	394. (d)	395. (c)	396. (a)
397. (d)	398. (d)	399. (d)	400. (c)	401. (a)	402. (a)

403. (b)	404. (d)	405. (c)	406. (d)	407. (a)	408. (a)
409. (c)	410. (a)	411. (c)	412. (c)	413. (a)	414. (b)
415. (a)	416. (c)	417. (a)	418. (c)	418. (c)	420. (b)
421. (b)	422. (d)	423. (a)	424. (c)	425. (d)	426. (c)
427. (c)	428. (c)	429. (d)	430. (a)	431. (b)	432. (c)
433. (d)	434. (c)	435. (d)	436. (d)	437. (c)	438. (d)
439. (c)	440. (a)	441. (d)	442. (b)	443. (a)	444. (c)
445. (c)	446. (c)	447. (d)	448. (a)	449. (a)	450. (d)
451. (c)	452. (b)	453. (c)	454. (d)	455. (a)	456. (c)
457. (c)	458. (b)	459. (b)	460. (b)	461. (a)	462. (a)
463. (b)	464. (c)	465. (b)	466. (a)	467. (a)	468. (b)
469. (d)	470. (b)	471. (d)	472. (c)	473. (c)	474. (a)
475. (c)	476. (a)	477. (d)	478. (a)	479. (d)	480. (b)
481. (d)	482. (c)	483. (a)	484. (c)	485. (c)	486. (d)
487. (a)	488. (c)	489. (b)	490. (a)	491. (c)	492. (a)
493. (a)	494. (b)	495. (c)	496. (c)	497. (d)	498. (d)
499. (c)	500. (a)	501. (c)	502. (d)	503. (a)	504. (d)
505. (c)	506. (d)	507. (a)	508. (d)	509. (c)	510. (b)
511. (d)	512. (a)	513. (c)	514. (c)	515. (d)	516. (b)
517. (b)	518. (c)	519. (d)	520. (b)	521. (a)	522. (c)
523. (c)	524. (b)	525. (d)	526. (b)	527. (d)	528. (c)
529. (a)	530. (c)	531. (c)	532. (b)	533. (d)	534. (b)
535. (c)	536. (d)	537. (a)	538. (c)	539. (c)	540. (a)
541. (d)	542. (a)	543. (a)	544. (c)	545. (a)	546. (d)
547. (d)	548. (c)	549. (d)	550. (a)	551. (a)	552. (d)
553. (d)	554. (d)	555. (a)	556. (b)	557. (c)	558. (a)
559. (d)	560. (a)	561. (c)	562. (c)	563. (b)	564. (b)
565. (a)	566. (b)	567. (d)	568. (a)	569. (d)	570. (c)
571. (a)	572. (d)	573. (d)	574. (d)	575. (d)	576. (d)
577. (a)	578. (a)	579. (b)	580. (c)	581. (c)	582. (c)
583. (c)	584. (a)	585. (b)	586. (b)	587. (d)	588. (d)
589. (b)	590. (b)	591. (b)	592. (b)	593. (c)	594. (c)
595. (d)	596. (c)	597. (b)	598. (c)	599. (d)	600. (c)

उत्तरमाला
(अर्थव्यवस्था)

1. (d)	2. (c)	3. (d)	4. (c)	5. (b)	6. (c)
7. (c)	8. (a)	9. (d)	10. (c)	11. (b)	12. (b)
13. (c)	14. (b)	15. (c)	16. (c)	17. (a)	18. (a)
19. (d)	20. (d)	21. (b)	22. (a)	23. (d)	24. (d)
25. (c)	26. (c)	27. (d)	28. (d)	29. (c)	30. (b)
31. (b)	32. (a)	33. (b)	34. (b)	35. (c)	36. (b)
37. (c)	38. (d)	39. (c)	40. (c)	41. (c)	42. (a)
43. (c)	44. (a)	45. (a)	46. (d)	47. (d)	48. (c)
49. (a)	50. (d)	51. (a)	52. (c)	53. (a)	54. (b)
55. (b)	56. (c)	57. (b)	58. (b)	59. (c)	60. (b)
61. (a)	62. (d)	63. (d)	64. (b)	65. (d)	66. (a)
67. (a)	68. (a)	69. (b)	70. (b)	71. (c)	72. (c)
73. (a)	74. (a)	75. (b)	76. (a)	77. (c)	78. (a)
79. (b)	80. (c)	81. (c)	82. (b)	83. (c)	84. (c)
85. (d)	86. (c)	87. (d)	88. (d)	89. (b)	90. (c)
91. (a)	92. (c)	93. (a)	94. (c)	95. (a)	96. (a)
97. (d)	98. (b)	99. (b)	100. (a)	101. (c)	102. (c)
103. (a)	104. (c)	105. (a)	106. (c)	107. (b)	108. (c)
109. (c)	110. (a)	111. (a)	112. (d)	113. (b)	114. (c)
115. (a)	116. (c)	117. (d)	118. (c)	119. (d)	120. (c)
121. (a)	122. (c)	123. (c)	124. (d)	125. (b)	126. (b)
127. (c)	128. (a)	129. (d)	130. (c)	131. (a)	132. (b)
133. (a)	134. (b)	135. (d)	136. (a)	137. (a)	138. (d)
139. (a)	140. (d)	141. (b)	142. (b)	143. (a)	144. (c)
145. (c)	146. (b)	147. (a)	148. (a)	149. (c)	150. (c)
151. (a)	152. (a)	153. (d)	154. (d)	155. (a)	156. (a)
157. (a)	158. (b)	159. (b)	160. (b)	161. (a)	162. (b)
163. (a)	164. (d)	165. (b)	166. (b)	167. (a)	168. (c)
169. (b)	170. (b)	171. (a)	172. (d)	173. (c)	174. (b)
175. (b)	176. (b)	177. (c)	178. (b)	179. (a)	180. (a)
181. (d)	182. (a)	183. (c)	184. (a)	185. (c)	186. (ba)
187. (a)	188. (a)	189. (c)	190. (c)	191. (c)	192. (a)

193. (c)	194. (b)	195. (d)	196. (b)	197. (a)	198. (b)
199. (c)	200. (c)	201. (b)	202. (a)	203. (c)	204. (c)
205. (b)	206. (a)	207. (a)	208. (c)	209. (c)	210. (a)
211. (b)	212. (c)	213. (d)	214. (a)	215. (b)	216. (a)
217. (a)	218. (a)	219. (b)	220. (a)	221. (a)	222. (a)
223. (a)	224. (a)	225. (a)	226. (a)	227. (a)	228. (a)
229. (a)	230. (a)	231. (a)	232. (a)	233. (a)	234. (a)
235. (a)	236. (a)	237. (a)	238. (c)	239. (b)	240. (a)
241. (b)	242. (a)	243. (a)	244. (c)	245. (b)	246. (a)
247. (a)	248. (a)	249. (a)	250. (a)	251. (b)	252. (a)
253. (a)	254. (c)	255. (a)	256. (d)	257. (a)	258. (a)
259. (d)	260. (a)	261. (b)	262. (c)	263. (a)	264. (c)
265. (a)	266. (b)	267. (c)	268. (a)	269. (c)	270. (a)
271. (c)	272. (b)	273. (d)	274. (b)	275. (d)	276. (b)
277. (b)	278. (a)	279. (d)	280. (c)	281. (a)	282. (b)
283. (a)	284. (c)	285. (a)	286. (b)	287. (a)	288. (b)
289. (d)	290. (a)	291. (d)	292. (b)	293. (d)	294. (b)
295. (c)	296. (a)	297. (c)	298. (d)	299. (b)	300. (a)
301. (d)	302. (c)	303. (d)	304. (d)	305. (c)	306. (b)
307. (c)	308. (b)	309. (b)	310. (c)	311. (d)	312. (c)
313. (c)	314. (a)	315. (a)	316. (d)	317. (c)	318. (c)
319. (a)	320. (b)	321. (c)	322. (a)	323. (d)	324. (b)
325. (a)	326. (b)	327. (a)	328. (a)	329. (b)	330. (b)
331. (c)	332. (b)	333. (c)	334. (d)	335. (c)	336. (d)
337. (c)	338. (c)	339. (c)	340. (a)	341. (c)	342. (b)
343. (a)	344. (d)	345. (d)	346. (b)	347. (c)	348. (d)
349. (b)	350. (c)	351. (b)	352. (a)	353. (a)	354. (a)
355. (b)	356. (c)	357. (a)	358. (c)	359. (b)	360. (a)
361. (c)	362. (b)	363. (c)	364. (b)	365. (c)	366. (a)
367. (d)	368. (c)	369. (c)	370. (c)	371. (d)	372. (b)
373. (b)	374. (a)	375. (b)	376. (c)	377. (b)	378. (d)
379. (c)	380. (c)	381. (d)	382. (c)	383. (c)	384. (c)
385. (c)	386. (d)	387. (a)	388. (c)	389. (a)	390. (b)
391. (c)	392. (c)	393. (b)	394. (d)	395. (b)	396. (c)
397. (c)	398. (c)	399. (c)	400. (b)		

www.ingramcontent.com/pod-product-compliance
Lightning Source LLC
LaVergne TN
LVHW051159080426
835508LV00021B/2710